TEORIA KING KONG

Teoria King Kong
Título original King Kong Théorie
Virginie Despentes

ISBN 978-65-81097-96-7

Embora adote a maioria dos usos editoriais do âmbito brasileiro, a n-1 edições não segue necessariamente as convenções das instituições normativas, pois considera a edição um trabalho de criação que deve interagir com a pluralidade de linguagens e a especificidade de cada obra publicada.

COORDENAÇÃO EDITORIAL Peter Pál Pelbart e Ricardo Muniz Fernandes
DIREÇÃO DE ARTE Ricardo Muniz Fernandes
GESTÃO EDITORIAL Gabriel Godoy
ASSISTÊNCIA EDITORIAL Inês Mendonça
TRADUÇÃO Márcia Bechara
PREPARAÇÃO Humberto Amaral
REVISÃO Fernanda Mello e Roberta Vasconcelos
PROJETO GRÁFICO Ana Lancman
CAPA Ana Lancman, Gabriel Godoy e Isabel Lee
ILUSTRAÇÃO DE CAPA Regina Kruel

Foram utilizadas as fontes Burnaby e Tisa.

Cet ouvrage, publié dans le cadre du Programme d'Aide à la Publication 2015 Carlos Drummond de Andrade, a bénéficié du soutien de l'Ambassade de France au Brésil.

Este livro, publicado no âmbito do Programa de Apoio à Publicação 2015 Carlos Drummond de Andrade, contou com o apoio da Embaixada da França no Brasil.

Liberté • Égalité • Fraternité
RÉPUBLIQUE FRANÇAISE

INSTITUT FRANÇAIS
BRASIL

bibliofrança

3ª edição | 1ª reimpressão
Março, 2025
n-1edicoes.org

Virginie Despentes

TEORIA KING KONG

TRADUÇÃO MÁRCIA BECHARA

n-1 edições

Para Karen Bach,
Raffaëla Anderson e Coralie Trinh Thi

VÍCIOS FRENÉTICOS[1]

Escrevo a partir da feiura e para as feias, as caminhoneiras, as frígidas, as mal comidas, as incomíveis, as histéricas, as taradas, todas as excluídas do grande mercado da boa moça. E começo assim para que tudo fique bem claro: não me desculpo de nada, não vim aqui para reclamar. Não trocaria de lugar com ninguém, porque ser Virginie Despentes me parece um assunto muito mais interessante do que qualquer outro.

¤

Me parece formidável que também existam mulheres que gostem de seduzir, que saibam seduzir, e outras que saibam se casar; que existam mulheres que cheirem a sexo e outras à merenda dos filhos que saem do colégio. Formidável que existam algumas muito doces, outras realizadas em sua feminilidade; que elas sejam jovens, muito bonitas, ou coquetes e radiantes. Francamente, fico muito feliz por todas aquelas a quem convêm as coisas como estão. E digo isso sem a menor ironia. Eu, simplesmente,

1. No original *Bad Lieutenantes*, literalmente *tenentes malvadas*. Virginie Despentes estabelece, ao longo do livro, uma série de relações com elementos da cultura pop. No caso, trata-se de uma referência tanto aos filmes *Bad Lieutenant* de Abel Ferrara (1992) e de Werner Herzog (2009) quanto à banda inglesa de rock alternativo de mesmo nome. No Brasil, os filmes ficaram conhecidos com o título *Vício frenético*. [N.T.]

não sou uma delas. Com certeza não escreveria o que escrevo se fosse linda, linda o suficiente para mudar a atitude de todos os homens que cruzam o meu caminho. É do ponto de vista de uma proletária da feminilidade que falo, que falei ontem, e que recomeço hoje. Quando estava desempregada, não sentia vergonha alguma de ser pária — somente raiva. É a mesma coisa como mulher: não tenho a menor vergonha de não ser uma super boa moça. No entanto, fico louca de raiva quando, na condição de mulher que interessa pouco aos homens, as pessoas tentam me convencer, sem parar, de que eu não deveria nem mesmo existir. Nós sempre existimos. Mesmo que nunca se fale de nós nos romances escritos por homens, que eles só consigam imaginar mulheres com as quais gostariam de transar. Nós sempre existimos — mas nunca falamos. Mesmo hoje, quando muitas mulheres publicam romances, raramente encontramos personagens femininas de aspecto físico desagradável ou medíocre, incapazes de amar os homens ou de serem amadas por eles. Muito pelo contrário, as heroínas contemporâneas amam os homens, os encontram com facilidade, transam com eles em dois capítulos, gozam em quatro linhas e adoram o sexo. Pra mim, a figura da perdedora em matéria de feminilidade é mais que simpática — é essencial. Exatamente como a figura do perdedor social, econômico ou político. Prefiro aqueles que não conseguem o que querem pela boa e simples razão de que eu mesma não consigo. E porque, em geral, o humor e a inventividade estão do nosso lado. Quando não temos do que nos gabar, somos, na maioria das vezes, mais criativos. Como mulher, sou mais King Kong do que sou Kate Moss. Sou esse tipo de mulher com quem não se casa, com quem não se faz filhos; falo deste meu lugar feminino sempre de maneira excessiva, muito agressiva, muito barulhenta, muito gorda, muito brutal, muito peluda, sempre muito viril, como me dizem. Mas são justamente essas minhas qualidades viris que fazem com que eu seja mais do que um mero caso de exclusão social no meio de tantos outros. Tudo o que eu amo na minha vida, tudo o que me salvou até aqui, devo à minha virilidade. Escrevo daqui como uma mulher inapta a atrair a atenção masculina, a satisfazer o desejo masculino e a me contentar com um lugar à sombra. É daqui que escrevo, como uma mulher não sedutora mas ambiciosa, atraída pelo dinheiro que ganho sozinha, atraída pelo poder de fazer e de recusar, atraída pela cidade mais do que pelo campo, sempre excitada pelas experiências e incapaz de me satisfazer apenas com a descrição que me fazem delas. Eu não me importo de parecer dura com os homens que não me fazem sonhar. Não me parece nem um pouco óbvio que as meninas sedutoras se divirtam tanto assim. Sempre me senti feia, e me sinto confortável com o fato de que isso tenha me salvado de uma vida de merda, aguentando caras simpáticos que nunca teriam me levado mais longe do que à porta de casa. Sou feliz comigo desse jeito, mais desejante que desejada. Escrevo então a partir deste lugar, das não vendidas, das complicadas, das que têm a cabeça raspada, das que não sabem se vestir, das que têm medo de cheirar mal, das que têm os dentes podres, das que não sabem como se comportar, das que não ganham presentes dos homens, das que transariam com qualquer pessoa que as quisesse, das putonas, das putinhas, das mulheres de buceta sempre seca, das que são barrigudas, das que queriam ser homens, das que acham que são homens, das que sonham em ser atrizes pornôs, das que não dão a mínima para os caras mas que se interessam pelas suas amigas, das que têm bunda grande, das que têm pelos duros e bem pretos e que não se depilam, das mulheres brutais, barulhentas, daquelas que quebram tudo o que encontram pela frente, das que não gostam de cosméticos, das que usam batom excessivamente vermelho, das que são muito feias para se vestirem como gostosonas mas que morrem de vontade de fazê-lo, das que querem usar roupas masculinas e barba na rua, das que querem mostrar tudo, daquelas que são pudicas por serem complexadas, das que não sabem dizer não, das que são presas para que possam ser domesticadas, das que dão medo, das que provocam pena, das que não provocam inveja, das que têm a pele flácida, a cara cheia de rugas, das que sonham em fazer um *lifting*, uma lipoaspiração, uma plástica de nariz mas que não têm dinheiro para tanto, das que estão acabadas, das que não têm nada que as proteja a não ser elas mesmas, das que não sabem proteger, das que são indiferentes aos filhos, dessas que gostam de beber nos bares até caírem no chão, das que não sabem manter as aparências; mas também escrevo para os homens que não sentem vontade de serem protetores, para os que gostariam de sê-lo mas não sabem como, para os que não entram em disputas, os que choramingam à vontade, os que não são ambiciosos ou competitivos nem são bem-dotados ou agressivos, para os que têm medo, os tímidos, os vulneráveis, os que preferem cuidar da casa a sair para trabalhar, os que são delicados, carecas, muito pobres para reclamar, para os que têm vontade de dar o cu, os que não querem que a gente conte com eles, aqueles que de noite, sozinhos, têm medo.

Porque o ideal de mulher branca, sedutora mas não puta, bem casada mas não nula, que trabalha mas sem tanto sucesso para não esmagar seu homem, magra mas não neurótica com a comida, que continua indefinidamente jovem sem se deixar desfigurar por cirurgias plásticas, uma mamãe realizada que não se deixa monopolizar pelas fraldas e pelos deveres de casa, boa dona de casa sem virar empregada doméstica, culta mas não tão culta quanto um homem; essa mulher branca e feliz, cuja imagem nos é esfregada o tempo todo na cara, essa mulher com a qual deveríamos nos esforçar para parecer — tirando o fato de que elas devem ficar de saco cheio com qualquer coisa —, devo dizer que jamais a conheci, em lugar algum. Acredito até que ela nem mesmo exista.

De fato, se a mulher não existisse a não ser na ficção escrita por homens, era de se imaginar que ela fosse uma pessoa da maior importância; muito variada; heroica e cruel, esplêndida e sórdida; infinitamente bela e horrenda ao extremo; tão grandiosa como um homem, para alguns até mais grandiosa. Mas isso é a mulher na ficção. Na vida real, como o professor Trevelyan apontou, ela era trancada, espancada e jogada de um lado para outro.

— VIRGINIA WOOLF
Um teto todo seu

EU TE FODO OU VOCÊ ME FODE?

Nos últimos tempos, na França, não paramos de levar bronca por causa dos anos 1970. Que pegamos o caminho errado, e que foi que fizemos com a revolução sexual, e se é que achamos que somos homens ou o quê, e que idiotices são essas, e onde foi parar o bom e velho espírito viril, esse do papai e do vovô, desses homens que sabiam morrer durante a guerra e liderar uma família com uma saudável autoridade. E com o respaldo da lei. Nos dão bronca porque os homens têm medo. Como se a culpa fosse nossa. É ao mesmo tempo surpreendente e antiquado que um dominador venha choramingar que o dominado não faz direito a sua parte... O homem branco realmente se dirige, aqui, às mulheres ou apenas tenta expressar sua surpresa com a guinada global que atinge seus domínios? De qualquer forma, é inconcebível que nos deem bronca, que nos chamem à ordem ou que nos controlem dessa maneira. Aqui, nos fazemos excessivamente de vítimas; ali, não trepamos como deveríamos, ora muito vadias, ora muito ternas e amorosas, de qualquer forma não entendemos nada, muito pornográficas ou pouco sensuais... Definitivamente, essa revolução sexual foi como jogar pérolas aos porcos. O que quer que a gente faça, tem sempre alguém para dizer que é uma merda. E quase sempre antes era melhor. Ah, é?

Nasci em 1969. Frequentei uma escola mista. Desde as primeiras aulas percebi que a inteligência dos meninos era a mesma que a das meninas. Vesti saias curtas sem que ninguém da minha família tenha se preocupado com a minha reputação na vizinhança. Tomei pílula a partir dos catorze anos sem nenhuma complicação. Transei assim que tive oportunidade, adorava trepar nessa época, e vinte anos depois o único comentário que isso me inspira é: "que bom pra mim." Saí de casa aos dezessete anos e pude morar sozinha sem nenhuma interferência. Sempre soube que trabalharia, que não seria obrigada a suportar a presença de um homem para que pagasse meu aluguel. Abri uma conta no banco em meu nome sem perceber que pertencia à primeira geração de mulheres que podiam fazer isso sem pai nem marido. Comecei a me masturbar tarde, mas já conhecia a expressão por tê-la lido em livros muito claros sobre o assunto: eu não era um monstro social porque me tocava; aliás, ninguém tinha nada a ver com isso, com o que eu fazia com a minha buceta. Transei com centenas de caras sem nunca engravidar, e de todo jeito sabia onde fazer um aborto, sem autorização de ninguém, sem me arriscar. Virei puta, caminhei pela cidade de salto alto e com decotes profundos sem dar satisfação a ninguém, guardei e gastei cada centavo que ganhei. Peguei carona na estrada, fui estuprada, voltei a pegar carona na estrada. Escrevi um primeiro romance que assinei com meu nome de mulher, sem imaginar nem mesmo por um segundo que, quando fosse publicado, viriam me recitar a cartilha de fronteiras que não devo cruzar. As mulheres da minha idade são as primeiras que podem viver uma vida sem sexo sem ter que entrar para um convento. O casamento forçado virou uma coisa absurda. O dever conjugal não é mais tão óbvio. Durante anos, estive a milhares de quilômetros do feminismo não por falta de solidariedade ou de consciência, mas porque, por muito tempo, ser do sexo feminino não me impedia de fazer muita coisa. Como eu tinha vontade de levar uma vida de homem, tive uma vida de homem. E isso porque a revolução feminista aconteceu. Parem de dizer que antes éramos mais satisfeitas. Os horizontes foram ampliados e os territórios foram brutalmente abertos até o ponto em que achamos, hoje, que eles sempre foram assim.

Certo, a França de hoje está longe de ser a Arcádia para todos. Mulheres ou homens, ninguém está feliz por aqui. E isso de modo algum está relacionado ao respeito pela tradição dos gêneros. Nós poderíamos ficar de avental na cozinha tendo bebês a cada vez que transássemos e isso não mudaria em nada a falência do trabalho, do liberalismo, do cristianismo ou do equilíbrio ecológico.

As mulheres que me rodeiam ganham efetivamente menos dinheiro do que os homens, ocupam postos subalternos, acham que é normal serem menosprezadas quando se lançam em alguma empreitada. Existe um orgulho doméstico em avançar com o freio de mão puxado, como se isso fosse útil, agradável ou sexy. Um gozo servil em relação à ideia de servir como trampolim. Nosso poder nos envergonha. Estamos sempre vigiadas pelos homens, que continuam a se meter em nossas coisas para nos dizer o que nos convém ou não, e sobretudo somos vigiadas por outras mulheres, através da família, das revistas femininas e do discurso dominante. É necessário minar esse nosso poder, nunca valorizado em uma mulher: "competente" ainda quer dizer "masculina".

¤

Joan Riviere, psicanalista do início do século XX, escreveu, em 1929, *A feminilidade mascarada*. Ali, ela estuda o caso de uma mulher "intermediária", isto é, heterossexual mas viril, que toda vez que se exprime em público sofre de um medo terrível que a desestrutura completamente, um medo que se traduz numa necessidade obsessiva e humilhante de atrair a atenção dos homens: "A análise revelou que sua coqueteria e seus flertes compulsivos [...] se explicavam desta maneira: tratava-se de uma vontade inconsciente de diminuir a ansiedade provocada pelo medo às represálias que ela temia receber por parte das figuras paternas depois de ter exibido suas proezas intelectuais. A demonstração em público de suas capacidades intelectuais, que, em si mesmas, representavam um êxito, adquiria o sentido de uma exibição que pretendia mostrar que ela possuía o pênis do pai após tê-lo castrado. Uma vez feita esta demonstração, ela sentia um medo terrível de que o pai se vingasse. Tratava-se, evidentemente, de uma conduta destinada a apaziguar a vingança paterna, oferecendo-se sexualmente a ele".

Essa análise oferece uma chave para a compreensão do sucesso do modelo da "gostosona" na cultura pop atual. Seja passeando pela cidade, assistindo à MTV, a um programa de variedades num canal de TV ou folheando uma revista feminina, somos invadidos pelo *look* vadia — de um lado, muito sedutor — adotado por muitas meninas jovens. Na verdade, essa é uma maneira de se desculpar, de tranquilizar os homens: "olha só como sou boazuda; apesar da minha autonomia, da minha cultura, da minha inteligência, na realidade eu só quero ser desejada por você", parecem pedir as meninas de fio dental. Posso viver de outro jeito, mas decidi viver alienada usando as estratégias de sedução mais eficazes.

Podemos nos surpreender, à primeira vista, com o fato de que essas meninas adotem com tanto entusiasmo os atributos da mulher-"objeto", que mutilem seus corpos e os exibam espetacularmente, ao mesmo tempo em que essa geração jovem valoriza "a mulher respeitável", quer dizer, distante do sexo por prazer. A contradição é apenas aparente. As mulheres enviam uma mensagem tranquilizadora aos homens: "não tenham medo de nós". Vale a pena usar roupas pouco confortáveis, sapatos que dificultam o andar, refazer o nariz ou bombar os seios, vale a pena morrer de fome. Jamais uma sociedade exigiu tantas provas de submissão a uma ditadura estética, tantas modificações corporais para feminizar um corpo. Ao mesmo tempo, nenhuma outra sociedade permitiu de modo tão livre a circulação corporal e intelectual das mulheres. A refeminização parece uma desculpa após a perda das prerrogativas masculinas, um jeito de se tranquilizar tranquilizando os homens. "Sejamos livres, mas não muito. Queremos jogar o jogo, não desejamos os poderes ligados ao falo, não queremos assustar ninguém." As mulheres se diminuem espontaneamente, dissimulam o que acabaram de conquistar, colocam-se na posição de sedutoras, incorporando, dessa forma, seu papel de modo tão ostensivo porque elas mesmas sabem que — no fundo — trata-se simplesmente de um simulacro. O acesso aos poderes tradicionalmente masculinos se mistura ao medo da punição. O ato de sair da gaiola tem sido acompanhado, desde sempre, de sanções brutais.

Não é tanto a ideia de nossa própria inferioridade que assimilamos; quaisquer que tenham sido as violências dos instrumentos de controle, a história cotidiana nos mostra que os homens não eram naturalmente nem superiores nem tão diferentes das mulheres. É a ideia de que nossa independência é nociva que está incrustada em nós até os ossos. Algo que os meios de comunicação reforçam com insistência: quantos artigos foram escritos nos últimos vinte anos sobre mulheres que amedrontam os homens, que ficam sozinhas e são punidas por suas ambições ou singularidades? Como se ficar viúva, ser abandonada, ficar sozinha em tempos de guerra ou ser maltratada fossem invenções recentes. Sempre tivemos necessidade de nos virar sem a ajuda de ninguém. Fingir que homens e mulheres se entendiam melhor antes dos anos 1970 é uma inverdade histórica. Nós nos frequentávamos menos, só isso.

¤

Nessa mesma lógica, a maternidade se tornou uma experiência feminina inevitável, a mais valorizada de todas: dar vida a alguém, que coisa fantástica. A propaganda "pró-maternidade" foi poucas vezes tão martelada. Grande merda, método contemporâneo e sistemático de dupla obrigação: "Tenham filhos, é incrível, vocês se sentirão mais mulheres e mais realizadas do que nunca", mas tenham-nos em meio a uma sociedade desajustada, em que o trabalho assalariado é uma condição de sobrevivência social, embora não seja garantido para ninguém, sobretudo para as mulheres. Deem à luz em cidades onde a habitação é precária, onde a escola afasta, onde as crianças são submetidas às mais perversas agressões mentais através da publicidade, da televisão, da internet, dos comerciais de refrigerantes e de produtos do tipo. A felicidade feminina não existe sem filhos, mas criá-los em condições decentes será quase impossível. É preciso, de qualquer jeito, que a mulher se sinta fracassada. O que quer que elas façam, devemos poder demonstrar que não o fizeram direito. Não há atitude correta, o fato é que nós cometemos um erro ao fazer nossas escolhas e somos tidas como responsáveis por uma falência que é, na verdade, coletiva e mista. As armas empregadas contra nosso gênero são específicas, mas o método também pode ser aplicado aos homens. Um bom consumidor é um consumidor inseguro.

¤

Surpreendente e tristemente revelador: a revolução feminista da década de 1970 não provocou nenhuma reorganização no que diz respeito aos cuidados com as crianças. Muito menos à gestão do espaço doméstico. Trabalho voluntário, logo, feminino. Não saímos da condição do trabalho artesanal. Seja política ou economicamente, não ocupamos o espaço público, não nos apropriamos dele. Não criamos creches nem lugares destinados a tomar conta das crianças de que tanto precisávamos, não criamos sistemas industriais de trabalho doméstico que poderiam ter nos emancipado. Não investimos nesses setores economicamente rentáveis, nem para fazer fortuna nem mesmo para que sirvam à comunidade. Por que ninguém inventou o equivalente à Ikea para cuidar das crianças, o equivalente à Macintosh para as tarefas domésticas? A organização da coletividade continua sendo uma prerrogativa masculina. Nos falta certeza quanto à nossa legitimidade para investir no campo político — e esse é o menor dos problemas diante do terrorismo físico e moral a que nossa categoria sexual é confrontada. Como se outros pudessem cuidar corretamente de nossos problemas, e como se nossas preocupações específicas não fossem assim tão importantes. Estamos erradas. Ao mesmo tempo que sabemos muito bem que as mulheres são tão sujeitas à corrupção e podem se tornar tão asquerosas quanto os homens ao entrarem em contato com o poder, é inegável que algumas considerações sejam especificamente femininas. Abandonar o terreno político como temos feito sublinha nossas próprias relutâncias à emancipação. É verdade que é preciso lutar para ter sucesso na política; é necessário estar pronta para sacrificar sua feminilidade, porque é necessário estar pronta para combater, triunfar e demonstrar poder. É preciso esquecer a doçura, esquecer de ser agradável, serviçal, é preciso se permitir dominar o outro publicamente. Não precisar do consentimento alheio, exercer o poder frontalmente, sem melindres nem desculpas, porque serão raros os rivais que te felicitarão por tê-los vencido.

A maternidade se tornou o aspecto mais glorioso da condição feminina. É também, no Ocidente, o setor em que o poder da mulher mais cresceu. O que sempre foi verdade em relação às meninas, totalmente dominadas por suas mães, estende-se agora aos meninos. Mamãe sabe o que é bom para as crianças — repetem-nos de todas as maneiras possíveis —, ela possui esse poder assombroso de maneira intrínseca. Réplica doméstica daquilo que se organiza coletivamente: o Estado sempre vigilante sabe melhor do que nós o que devemos comer, beber, fumar, ingerir, o que podemos ver, ler, entender, como devemos transitar, gastar nosso dinheiro, nos distrair. Quando o governo pede a presença da polícia nas escolas ou do exército na periferia, não se trata da introdução de uma figura viril da lei na vida das crianças, mas de um prolongamento do poder absoluto da mãe. Somente ela sabe punir, enquadrar e manter as crianças em estado de infância prolongada. Um Estado que se projeta como mãe todo-poderosa é um Estado fascista. O cidadão, dentro de uma ditadura, volta à condição de bebê: fraldas bem trocadas, alimentado e mantido dentro do berço por uma força onipresente que tudo sabe, que tudo pode, que detém todos os direitos sobre ele, tudo para o seu próprio bem. O indivíduo está livre de sua autonomia, de sua capacidade de se enganar e de se colocar em perigo. É para isso que tende a nossa sociedade, talvez porque tenhamos deixado nossos tempos de glória para trás, tenhamos regressado a estágios de organização coletiva que infantilizam o indivíduo.

Segundo a tradição, os valores viris são os valores da experimentação, do risco, da ruptura com o lar. Os homens se equivocam ao se sentirem alegres ou protegidos quando a virilidade das mulheres é desprezada, contida e descrita como nefasta em todos os âmbitos. O que está em jogo não é apenas a nossa autonomia, mas também a deles. Em uma sociedade de vigilância liberal, o homem não é mais do que um simples consumidor, e não é desejável que tenha muito mais poder do que uma mulher.

O corpo coletivo funciona como um corpo individual: se o sistema é neurótico, ele engendra espontaneamente estruturas autodestruidoras. Quando o inconsciente coletivo supervaloriza a maternidade através da mídia e da indústria de entretenimento — esses instrumentos de poder —, não se trata de amor pelo feminino ou de um ato de bondade global. A mãe portadora de todas essas virtudes nada mais é do que o corpo coletivo que se prepara para a regressão fascista. O poder outorgado por um Estado doente é forçosamente suspeito.

¤

Hoje em dia, ouvimos homens se lamentarem de que a emancipação feminina os desviriliza. Sentem falta de um estado anterior, quando a força deles se encontrava enraizada na opressão feminina. Eles esquecem que essa vantagem política que lhes foi dada tem um preço: se os corpos das mulheres pertenciam aos homens, os corpos dos homens, em contrapartida, pertenciam, em tempos de paz, à produção ou, em tempos de guerra, ao Estado. O confisco do corpo das mulheres se produz ao mesmo tempo que o confisco do corpo dos homens. Não há ganhadores nesse processo, a não ser no caso de alguns dirigentes.

O soldado mais conhecido da guerra do Iraque é uma

mulher. Hoje em dia, os Estados enviam seus pobres ao front. Os conflitos armados se tornaram territórios mistos. Cada vez mais a polarização se estrutura de acordo com a classe social.

Os homens denunciam injustiças sociais ou raciais com virulência, mas se mostram indulgentes e compreensivos quando se trata da dominação machista. Muitos desejam explicar que o combate feminista é secundário, um esporte de ricos, sem pertinência nem urgência. É preciso ser um cretino ou alguém asquerosamente desonesto para considerar uma opressão insuportável e outra, cheia de poesia.

Da mesma forma, mais do que simplesmente se aproveitar do poder que lhes é dado politicamente através da exaltação do instinto maternal, as mulheres teriam mais benefícios se considerassem melhor as vantagens do acesso dos homens a uma paternidade ativa. O olhar do pai em relação à criança constitui uma revolução de grande potencial. Os pais podem fazer com que suas filhas entendam que elas possuem uma existência própria, fora do mercado da sedução, que elas são dotadas de força física, de espírito empreendedor e de independência, e podem valorizá-las por essa força sem medo de um castigo imanente. Os pais podem alertar seus filhos homens de que a tradição machista é uma armadilha, uma severa restrição das emoções a serviço do Exército e do Estado. Porque a virilidade tradicional é uma máquina tão mutiladora quanto a atribuição da feminilidade. Ser um homem de verdade — o que é que isso exige? Repressão das emoções. Calar sua sensibilidade. Ter vergonha de sua delicadeza, de sua vulnerabilidade. Abandonar a infância de modo brutal e definitivo: os homens-criança não possuem boa reputação. Ficar angustiado pelo tamanho do seu pinto. Saber fazer as mulheres gozarem sem que elas mesmas saibam ou queiram lhes indicar como. Não dar sinais de fraqueza. Amordaçar a sensualidade. Vestir-se com cores discretas, usar sempre os mesmos sapatos grosseiros, nunca brincar com os cabelos, não usar muitas joias, nenhuma maquiagem. Sempre dar o primeiro passo. Não possuir nenhuma cultura sexual para melhorar seu orgasmo. Não saber pedir ajuda. Ter que ser valente, mesmo sem ter nenhuma vontade. Valorizar a força, seja qual for seu caráter. Mostrar agressividade. Possuir um acesso restrito à paternidade. Ter sucesso social para poder pagar as melhores mulheres. Morrer de medo de sua homossexualidade, porque um homem de verdade não deve nunca ser penetrado. Não brincar de boneca quando pequeno, contentar-se com carrinhos e armas de plástico muito feios. Não cuidar muito do seu próprio corpo. Submeter-se à brutalidade de outros homens sem reclamar. Saber se defender, mesmo sendo doce. Ser privado de sua feminilidade, como as mulheres se privam de sua virilidade, não em função das necessidades de uma situação ou de um caráter individual, mas em função daquilo que o corpo coletivo exige. De tal maneira que as mulheres ofereçam sempre seus filhos para a guerra e que os homens aceitem se deixar matar para proteger os interesses de três ou quatro cretinos de visão curta.

Se não avançamos em direção a esse desconhecido que é a revolução dos gêneros, sabemos, no entanto, exatamente para onde regressaremos. Um Estado todo-poderoso que nos infantiliza, que intervém — para nosso próprio bem — em todas as nossas decisões, que, sob o pretexto de nos proteger melhor, nos mantém na infância, na ignorância, no medo da punição, da exclusão. O tratamento privilegiado que até aqui foi reservado às mulheres, tendo a vergonha como ponta de lança para mantê-las no isolamento, na passividade, no imobilismo, poderá se estender a todo mundo. Compreender os mecanismos da nossa inferiorização e as maneiras através das quais nós temos nos convertido em nossos maiores vigias é compreender os mecanismos de controle de toda a população. O capitalismo é uma religião igualitarista, no sentido de que nos submete a todos e leva cada um de nós a se sentir preso dentro de uma armadilha, assim como estão presas todas as mulheres.

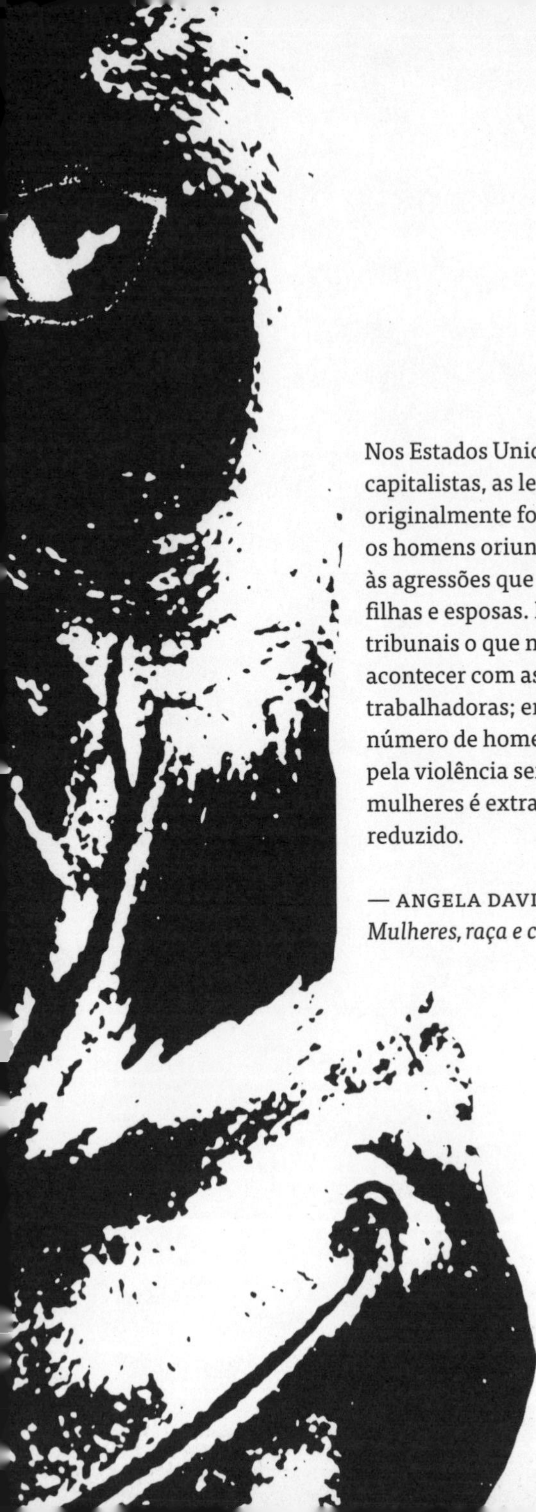

Nos Estados Unidos e em outros países capitalistas, as leis contra o estupro foram originalmente formuladas para proteger os homens oriundos das classes altas face às agressões que poderiam sofrer suas filhas e esposas. Pouco importava aos tribunais o que normalmente poderia acontecer com as mulheres das classes trabalhadoras; em consequência disso, o número de homens brancos processados pela violência sexual infligida a essas mulheres é extraordinariamente reduzido.

— ANGELA DAVIS
Mulheres, raça e classe

IMPOSSÍVEL ESTUPRAR ESTA MULHER CHEIA DE VÍCIOS[2]

Julho de 1986, tenho dezessete anos. Somos duas meninas de minissaia, eu uso meias finas rasgadas e All Star vermelho. Estamos voltando de Londres, onde gastamos todo o dinheiro que tínhamos comprando discos, tinta para cabelo e diversos acessórios cheios de rebites e pregos, ficando sem um puto para a viagem de volta. Com muita dificuldade chegamos de carona a Dover, o que nos toma o dia inteiro, depois pedimos dinheiro ao lado dos guichês para conseguir pagar a travessia de barco até Calais; já era bem de noite quando chegamos. Durante a travessia, procuramos pessoas que pudessem nos levar de carro. Dois italianos mais ou menos bonitos, maconheiros, nos conduzem até quase Paris. Estamos em plena madrugada num posto de gasolina, em algum lugar na marginal que contorna a cidade. Decidimos esperar o dia nascer junto aos motoristas para achar uma caminhonete que fosse direto até Nancy. Caminhamos no estacionamento da loja do posto de gasolina, não faz tanto frio assim.

2. *Impossible de violer cette femme pleine de vices* no original. Trecho da música "Antisocial", parte do álbum *Répression*, de 1980, do grupo francês de punk intitulado Trust. [N.T.]

Um carro com três garotões brancos, típicos moradores da periferia da época, cervejas, baseados, falam de Renaud, o cantor. Como eles são três, nos recusamos a subir no carro. Eles, no entanto, se desdobram em gentilezas, fazem piadas e conversam. Nos convencem de que seria muito bobo ficar esperando a oeste de Paris sendo que eles poderiam nos deixar na região leste, onde é bem mais fácil descolar outra carona. E nós subimos no carro. Das duas meninas, eu sou a mais mochileira, a mais falastrona, a que decide que nós podemos subir no carro. No momento em que as portas se fecham, no entanto, sabemos que fizemos uma estupidez. Mas, ao invés de gritar "vamos descer" alguns metros depois, quando ainda dá tempo de voltar, nós nos dizemos, cada uma em seu canto, que precisamos parar de ser paranoicas e de enxergar estupradores em todo lugar. Já faz mais de uma hora que conversamos com eles, eles têm jeito de serem apenas preguiçosos, divertidos, nada agressivos. Essa proximidade, afinal, ficará como uma dessas coisas que não se apagam: corpos de homens dentro de um lugar confinado, em que estamos presas, junto a eles, mas sem ser como eles. Nunca iguais, com nossos corpos de mulheres. Nunca em segurança, nunca como eles. Nós somos o sexo do medo, da humilhação, o sexo estrangeiro. Sua virilidade, sua famosa solidariedade masculina constrói-se a partir dessa exclusão de nossos corpos, é a esses momentos que ela está ligada. Um pacto que repousa em nossa inferioridade. Suas risadas de homens, entre eles, a risada dos mais fortes, dos mais numerosos.

Enquanto isso, eles fingem que não sabem exatamente o que está acontecendo. Como vestimos minissaia, como uma tem o cabelo verde e a outra, laranja, certamente devemos "trepar como coelhos", logo, o estupro que se comete não é um estupro. Como na maioria dos estupros, imagino. Imagino que, depois, nenhum desses três caras passou a se considerar um estuprador. Porque isso que eles fizeram, ah, isso é outra coisa. Três caras com uma espingarda contra duas meninas nas quais bateram até sangrar: mas não houve estupro. A prova: se realmente não quiséssemos ser estupradas, teríamos preferido morrer, ou teríamos conseguido matá-los. Do ponto de vista dos agressores (e eles dão um jeito de acreditar nisso), se as vítimas saem do ataque vivas é porque o estupro não as enojou tanto assim. É a única explicação que encontrei para esse paradoxo: após a publicação de *Baise-moi* [Me fode], encontrei mulheres que me contaram: "fui estuprada com tantos anos e em tais circunstâncias". Isso se repetia a ponto de ser desconfortável, tanto que, num primeiro momento, comecei a me perguntar se elas mentiam. Está na nossa cultura, desde a Bíblia e da história de José no Egito, a palavra de uma mulher que acusa um homem de estupro é, antes de tudo, uma palavra da qual duvidamos. Por fim, acabei por admitir: estupros acontecem o tempo todo. Eis aqui um ato aglutinador, que conecta todas as classes sociais, idades, corpos e personalidades. Como explicar, então, que nunca escutamos do adversário: "estuprei a fulana, tal dia, em tais circunstâncias"? Porque os homens fazem agora o que as mulheres os ensinaram a fazer durante séculos: dar outro nome à coisa, enfeitar o ato, fazer rodeios, mas sobretudo nunca usar a palavra para descrever o que fizeram. Eles "forçaram um pouco", ela estava "muito bêbada" ou era uma ninfomaníaca que agia como se não quisesse: mas, se aconteceu, foi porque no fundo houve o consentimento da moça. Mesmo que ele tenha precisado bater nela, ameaçá-la, que tenham sido muitos para conseguir forçá-la e que ela chorasse antes, durante e depois, isso não muda nada: na maioria dos casos o estuprador se arranja com sua consciência, afinal não houve estupro, era só uma puta que não se assume e que precisava apenas ser convencida. A menos que o estupro seja também algo difícil de carregar do lado deles. Mas não sabemos nada sobre isso, eles não dizem nada.

Na prisão, são identificados apenas os psicopatas, os estupradores em série que mutilam bucetas com cacos de vidro, ou pedófilos que atacam meninas jovens. Porque os homens condenam o estupro. Mas isso que eles praticam, isso é outra coisa, sempre.

Dizem com frequência que a pornografia aumenta o número de estupros. Hipócrita e absurdo. Como se a agressão sexual fosse uma invenção recente, e como se tivesse sido introduzida em nossos espíritos através dos filmes. Em contrapartida, dizem que o fato de os machos franceses não terem ido para a guerra depois dos anos 1960 na Argélia certamente aumentou o número de estupros "civis". A vida militar foi, até então, uma oportunidade de praticar o "estupro coletivo" por uma boa causa. Trata-se primeiramente de uma estratégia de guerra, que faz parte da virilização do grupo que o pratica ao mesmo tempo que enfraquece e debilita o grupo adversário. Isso sempre existiu, desde os primórdios das guerras de conquista. Parem de querer nos convencer de que a violência contra as mulheres é um fenômeno recente ou próprio de um grupo específico.

¤

Nos primeiros anos, eu e minha amiga evitamos falar sobre o assunto. Três anos depois, no meio das encostas de Croix-Rousse, em Lyon, uma menina de quem eu gostava muito foi estuprada, em cima da mesa da cozinha, por um cara que a seguiu na rua. No dia em que soube, estava trabalhando numa pequena loja de discos, a Attaque Sonore, na parte velha de Lyon. Um tempo ótimo, ensolarado, uma enorme luz de verão inundando os muros das ruas estreitas da velha cidade, as velhas pedras talhadas e polidas, os brancos amarelados e alaranjados. Os cais do Saône, a ponte, a fachada das casas. Sempre me impressionei com a beleza dessa cidade — e particularmente naquele dia. Sua tranquilidade não foi perturbada pelo estupro, era como se ele já fizesse parte dela. Fechei a loja e saí para caminhar. Tudo isso me deixou mais revoltada do que quando aconteceu diretamente comigo. Compreendi, através da história dessa menina, que o estupro é algo que pegamos e do qual não nos desvencilhamos nunca. Contaminadas. Até esse momento, achava que tinha lidado bem com o acontecido, que eu era casca-grossa e que tinha mais o que fazer na vida do que deixar três caipiras me traumatizarem. No entanto, foi ao me dar conta de que eu via o estupro da minha amiga como um acontecimento a partir do qual nada mais seria como antes que aceitei, de rebote, aquilo que nós mesmas sentíamos. A ferida de uma guerra que se trava no silêncio e na obscuridade.

Eu tinha vinte anos quando estupraram a minha amiga, naquela época não me interessava pelo feminismo. Era muito pouco punk rock, muito bom-mocismo. Depois dessa agressão, mudei de ideia e participei de um fim de semana de formação da "Stop Estupro", uma linha telefônica de ajuda para quem quiser conversar depois de uma agressão ou para receber orientação jurídica. O encontro mal tinha começado e eu já reclamava no meu canto: por que eu deveria aconselhar quem quer que seja a prestar queixa? A não ser que ganhasse alguma coisa, não vejo nenhum motivo para ir até um gambé. Declarar-se vítima de um estupro numa delegacia significava pra mim, instintivamente, me colocar de novo numa situação de risco. A lei dos policiais é a lei dos homens. Então uma instrutora explicou: “Na maioria das vezes, uma mulher falará de seu estupro na terceira pessoa”. Interiormente, continuei negando: “que bobagem”. Isso me parecia altamente improvável: por que elas não dariam o nome à coisa, e, além disso, o que ela sabe, essa aí que está falando? Ela acha que somos todas iguais, por acaso? De repente, freei meu pensamento: o que foi mesmo que eu fiz, até agora? Nas raras vezes — na maioria delas bêbada — em que quis falar sobre o assunto, será que eu disse a palavra? Nunca. Nas raras vezes em que tentei contar o acontecido, contornei a palavra “estupro”: “agredida”, “enrolada”, “constrangida”, “um problema”, *whatever*... Enquanto não é nomeada, a agressão perde sua especificidade, pode se confundir com outras agressões, como ser roubada, ser detida pela polícia, ser presa ou golpeada. Essa estratégia míope tem sua utilidade. Porque, a partir do momento que se chama o estupro de estupro, todo o aparelho de vigilância feminino se coloca em andamento: você quer que fiquem sabendo sobre isso que te aconteceu? Você quer que todo mundo te veja como uma mulher que foi vítima *disso*? E, de qualquer maneira, como você saiu *disso* viva, sem ser uma puta patenteada? Uma mulher preocupada com sua dignidade preferiria ser morta. Minha sobrevivência é em si uma prova contra mim. O fato de ficar mais aterrorizada com a ideia de morrer do que traumatizada com os pontapés dos três imbecis parecia uma coisa monstruosa: eu nunca tinha ouvido falar disso em lugar algum. Ainda bem que, sendo uma punk praticante, eu não dava a mínima para a minha pureza de boa moça. Porque é necessário ter sido traumatizada por um estupro para se dar conta de uma série de marcas visíveis que precisam ser respeitadas. Medo dos homens, da noite, da autonomia, horror do sexo e de outras brincadeiras. Repetem-nos de todas as maneiras possíveis: isso é grave, é um crime, os homens que te amam, se eles souberem, isso vai deixá-los loucos de tristeza e de raiva (o estupro é também um diálogo particular através do qual um homem declara aos outros homens: eu fodo suas mulheres à força). Mas o conselho mais razoável, por motivos diferentes, continua sendo "não conte para ninguém". Asfixiada entre duas ordens. Morra, sua puta, como se diz por aí.

Então a palavra é evitada. Por causa de tudo o que ela encoberta. Tanto no campo das agredidas quanto dos agressores, contorna-se o termo. É um silêncio cruzado.

¤

Nos primeiros anos após o estupro, uma triste surpresa: os livros não podiam fazer nada por mim. Isso nunca tinha me acontecido. Quando fui internada durante alguns meses, em 1984, por exemplo, minha primeira reação ao sair foi ler. *O pavilhão das crianças loucas*, *Um estranho no ninho*, *Quando tinha cinco anos eu me matei* e ensaios sobre psiquiatria, sobre o internamento, sobre a vigilância, sobre a adolescência. Os livros estavam lá e me faziam companhia, tornavam a coisa possível, dizível, compartilhável. Prisão, doença, maus-tratos, drogas, abandonos, deportações, todos os traumas possuem a sua literatura. Mas esse trauma crucial, fundamental, definição primeira da feminilidade, "essa coisa que pode ser considerada uma infração e que deverá ficar sem defesa", esse trauma não fazia parte da literatura. Nenhuma mulher, após passar por um estupro, havia conseguido usar a linguagem para fazer dessa experiência o tema de um livro. Nada, nem guia, nem companhia. Isso não passa ao domínio do simbólico. É assombroso que nós mulheres não digamos nada às meninas, que não exista nenhuma transmissão de saber, de conselhos de sobrevivência, de conselhos práticos simples. Nada.

¤

Finalmente, em 1990 vou a Paris para ver um show do Limbomaniacs, no trem leio a revista *Spin*. Uma tal de Camille Paglia escreve um artigo que me interpela e que me faz rir, no qual descreve o efeito que lhe causa ver jogadores de futebol em campo, bestas fascinantes do sexo cheias de agressividade. Ela começava seu artigo falando de toda essa raiva guerreira e de como isso lhe agradava, esse alarde de suor e de pernas musculosas em ação. O que a leva a tocar no assunto do estupro. Esqueci os termos exatos que ela usou. Mas, em suma, era algo assim: "Trata-se de um risco inevitável, um risco que as mulheres devem levar em conta e aceitar correr se desejam sair de casa e circular livremente. Se isso acontecer com você, levante a cabeça, *dust yourself* e dê a volta por cima. E se isso te amedrontar demais é melhor ficar na casa do papai e da mamãe fazendo as unhas". Fiquei revoltada, a princípio. Uma reação de autodefesa. Nos minutos que se seguiram, no entanto, um sentimento de paz me invadiu. Na estação de trem de Lyon, já de noite, telefonei para Caroline, a mesma amiga de sempre, antes de me dirigir à rua Ordener para achar o lugar do show. Eu lhe telefonava, superexcitada, para lhe contar dessa ítalo-americana, que ela precisava ler aquilo e me dizer o que achava. Caroline se sentiu impactada da mesma forma que eu.

Desde então nada mais continuou fechado, trancado. Era possível pela primeira vez pensar o estupro de um jeito novo. Esse assunto que até então tinha sido um tabu temível a ponto de não nos permitirmos dizer outra coisa além de "que horror" e "coitadas".

Pela primeira vez alguém valorizava a capacidade de se recuperar, mais do que simplesmente recitar uma antologia complacente de traumas. Desvalorização do estupro, de seu alcance, de sua ressonância. Isso não anulava nada do que havia acontecido, não apagava nada do que havíamos aprendido naquela noite.

Camille Paglia é, sem dúvida, a mais controversa das feministas americanas. Ela nos instigava a pensar o estupro como um risco inevitável, inerente à nossa condição de meninas. Uma liberdade incrível de desdramatização. Sim, havíamos saído de casa, alcançado um espaço que não nos era destinado. Sim, havíamos sobrevivido ao invés de morrer. Sim, usávamos minissaias sem estarmos acompanhadas de um cara, de noite, sim, fomos estúpidas e fracas e incapazes de quebrar a cara deles, fracas como as meninas aprendem a ser quando são agredidas. Sim, aquilo tinha acontecido conosco, mas, pela primeira vez, compreendíamos o que havíamos feito: tínhamos saído para a rua porque, dentro da casa de papai e mamãe, nada interessante acontecia. Corremos o risco, pagamos o preço, e, mais do que ter vergonha de estarmos vivas, poderíamos agora decidir nos levantar e nos recuperar da melhor forma possível. Paglia permitia que nos imaginássemos como guerreiras, não tanto responsáveis pessoalmente por algo que havíamos buscado, mas vítimas ordinárias de alguma coisa que poderíamos esperar quando se é mulher e se deseja correr o risco de se aventurar do lado de fora. Ela foi a primeira a tirar o estupro do horror absoluto, do não dito, disso que sobretudo não deveria jamais acontecer. Ela fez do estupro uma circunstância política, algo que deveríamos aprender a encarar. Paglia transformava tudo: não se tratava de negar nem de sucumbir, se tratava de viver com.

Verão de 2005, Filadélfia, estou cara a cara com Camille Paglia, realizamos uma entrevista para um documentário. Balanço a cabeça com entusiasmo ouvindo o que ela diz. "Nos anos 1960, no campus universitário, as moças eram enfurnadas em seus dormitórios às dez da noite, sendo que os rapazes faziam o que bem entendiam. Nós perguntamos 'por que essa diferença de tratamento?', e nos explicaram 'porque o mundo é perigoso, vocês correm o risco de serem estupradas', e respondemos 'então conceda-nos o direito de nos arriscarmos a sermos estupradas'."

Entre as reações que acontecem quando narro minha história, há a seguinte: "E você ainda continuou a pedir carona, depois?". Porque eu contava que não havia dito nada a meus pais, com medo de que me prendessem numa torre de marfim para meu próprio bem. Porque, sim, continuei a pedir carona. Menos contente, menos efusiva, mas recomecei. Até outros punks me darem a ideia de viajar sem pagar a passagem no trem, eu não conhecia outra maneira de ir a um show em Toulouse na quinta e a outro em Lille no sábado. E, nessa época, assistir a shows era mais importante do que qualquer outra coisa. Justificava o perigo. Nada poderia ser pior do que ficar dentro do quarto, longe da vida, enquanto um monte de coisas acontecia lá fora. Então continuei a chegar a cidades em que não conhecia ninguém, a ficar sozinha nas estações de trem até que fechassem para passar a noite, ou a dormir na entrada de prédios para esperar o trem do dia seguinte. A agir como se eu não fosse uma menina. E se nunca mais fui estuprada, corri o risco de sê-lo cem vezes seguidas, apenas por passar tanto tempo na rua. Isso que vivi nessa época, com essa idade, foi insubstituível, muito mais intenso do que me aprisionar em uma escola para aprender a ser dócil ou do que ficar em casa lendo revistas. Foram os melhores anos da minha vida, os mais ricos e tempestuosos — e todas as merdas que vieram junto com eles, encontrei recursos para saber vivê-las.

Mas evitei escrupulosamente contar minha história porque conhecia de antemão o julgamento: "ah, se logo depois você continuou a pedir carona é porque isso não te sossegou, você deve ter gostado". Porque, num estupro, você sempre precisa provar que não estava de acordo. A culpa está submetida a uma atração moral não enunciada que faz com que a balança sempre pese mais do lado de quem foi fodida do que do de quem fodeu.

¤

Quando o filme *Baise-moi* saiu de cartaz, muitas mulheres — os homens não ousaram se pronunciar sobre isso — fizeram questão de dizer publicamente: "Que horror, não se deveria acreditar que a violência é uma solução contra o estupro". Ah, é? Não se escuta nunca no noticiário sobre meninas, sozinhas ou em bandos, que arrancam os paus de seus agressores com os dentes, que voltam a procurá-los para quebrar suas caras ou simplesmente para lhes dar uma boa lição. No momento, isso existe apenas em filmes dirigidos por homens: *A última casa*, de Wes Craven, *Sedução e vingança*, de Abel Ferrara, *A vingança de Jennifer*, de Meir Zarchi, por exemplo. Esses três filmes começam com estupros mais ou menos repugnantes (mais que menos, aliás). E depois, na segunda parte, detalham as vinganças ultrassangrentas que as mulheres infligem a seus agressores. Quando os homens colocam em cena personagens femininas, raramente o fazem com o propósito de tentar compreender o que elas vivem e sentem como mulheres. Trata-se sobretudo de uma maneira de encenar sua sensibilidade de homem, mas num corpo de mulher. Voltarei a falar sobre o pornô, que segue a mesma lógica. Nesses três filmes vemos, assim, como os homens reagiriam, no lugar das mulheres, face ao estupro. Um banho de sangue, de uma violência impiedosa. A mensagem que eles nos dirigem é clara: por que vocês não se defendem mais violentamente? O que é surpreendente, no entanto, é que nunca reagiríamos desse jeito. Uma empreitada política ancestral, implacável, ensina as mulheres a não se defenderem. Como sempre, a obrigação é dupla: deixam claro que não existe nada mais grave do que isso, e, ao mesmo tempo, que não devemos nem nos defender e nem nos vingar. Sofrer — e não fazer nada além disso. Uma espada de Dâmocles no meio das pernas.

Mas ainda assim as mulheres sentem a necessidade de afirmar: a violência não é uma solução. No entanto, no dia em que os homens tiverem medo de terem seu pau mutilado a golpes de navalha quando forçarem uma menina a fazer sexo, saberão repentinamente controlar melhor suas pulsões "masculinas" e compreender o que "não" significa de verdade. Eu preferiria, naquela noite, ter sido capaz de sair daquilo que incutiram ao meu sexo, e de degolar a todos, um por um. Melhor do que viver como uma pessoa que não ousa se defender porque é mulher, porque a violência não é seu território e porque a integridade física do corpo de um homem é mais importante do que a de uma mulher.

Durante o estupro, eu tinha no bolso da minha jaqueta Teddy vermelha e branca um canivete de alça preta cintilante, de mecânica impecável, uma lâmina fina mas longa, afiada, polida, brilhante. Um canivete que eu manuseava com certa facilidade, naqueles tempos em geral confusos. Era apegada a ele, e do meu jeito aprendi a usá-lo. Naquela noite, o canivete ficou escondido no bolso e o único pensamento que tive foi: tomara que não o encontrem, tomara que não decidam brincar com ele. Nem mesmo pensei em utilizá-lo. A partir do momento em que entendi o que estava acontecendo, já estava convencida de que eles eram os mais fortes. Uma questão de estado de espírito. Estou convencida desde então de que, se se tratasse de roubar nossas jaquetas, minha reação teria sido diferente. Eu não era imprudente, mas muito inconsciente. Mas, naquele momento preciso, me senti mulher, sujamente mulher, como até então nunca tinha sentido e como nunca mais senti. Não me permiti ferir um homem para proteger minha própria pele. Acho que teria reagido da mesma forma se houvesse apenas um rapaz contra mim. Foi o projeto do estupro que refez de mim uma mulher, alguém essencialmente vulnerável. As menininhas são adestradas para nunca machucarem os homens, e as mulheres são enquadradas toda vez que fogem a essa regra. Ninguém gosta de saber até que ponto é covarde. Ninguém tem vontade de descobrir isso na pele. Não estou furiosa comigo mesma por não ter ousado matar alguém. Estou furiosa com uma sociedade que me educou sem me ensinar a ferir um homem se ele abrir minhas pernas à força, sendo que essa mesma sociedade me inculcou a ideia de que o estupro é um crime do qual eu nunca mais poderia me recuperar. E, sobretudo, estou louca de raiva por, frente a três homens e uma espingarda, presa no meio de uma floresta da qual não poderia escapar correndo, ainda me sentir culpada por não ter tido coragem de defender a mim e à minha amiga com uma pequena lâmina.

No final daquela noite, um deles encontrou o canivete; ele o mostrou aos outros, sinceramente surpreso de que eu não o tivesse usado. "Deve ser porque ela estava gostando, então." Os homens, sinceramente, ignoram até que ponto o dispositivo de emasculação das meninas é incansável, até que ponto tudo é escrupulosamente organizado para garantir que eles triunfem sem arriscar muita coisa quando atacam as mulheres. Eles acreditam, maliciosamente, que sua superioridade se deve à sua grande força. Não os incomoda que uma espingarda meça forças com um canivete. Eles consideram o combate igualitário, os felizes cretinos. Esse é o segredo de sua tranquilidade de espírito.

É surpreendente que, em 2006, enquanto um monte de gente desfila com minúsculos computadores de bolso, com câmeras fotográficas, com telefones, com agendas, com música, ainda não exista nenhum objeto que a gente possa enfiar na buceta quando sai para dar uma volta, algo que deixasse em pedaços o caralho do primeiro imbecil que tentasse se enfiar lá dentro sem permissão. Talvez a possibilidade de tornar o sexo feminino inacessível pela força não seja algo desejável. É necessário que permaneça aberta, e com medo, uma mulher. Senão, o que definiria a masculinidade?

Depois do estupro, a única atitude tolerada consiste em dirigir a violência contra si mesma. Engordar vinte quilos, por exemplo. Abandonar o mercado sexual, porque fomos estragadas, abrir mão do nosso próprio desejo. Na França, não matamos as mulheres que passaram por isso. Mas esperamos que elas tenham a decência de se identificar como produtos estragados, poluídos. Putas ou feias, que saiam espontaneamente da gaiola das boas moças esposáveis.

Porque o estupro fabrica as melhores putas. Uma vez abertas à força, muitas vezes elas guardam à flor da pele uma espécie de desonra que os homens adoram, um toque desesperado e sedutor. O estupro é, frequentemente, iniciático, esculpe a carne para fabricar uma mulher aberta, que jamais se fecha totalmente. Tenho certeza de que existe algo como um odor, algo que os machos detectam e que lhes excita ainda mais.

Nós nos obstinamos em fazer com que o estupro seja algo de raro e de periférico, algo fora da sexualidade, evitável. Como se dissesse respeito apenas a uns poucos agressores e a umas poucas vítimas, como se constituísse uma situação singular que não tivesse nada a ver com a normalidade. Sendo que o estupro, pelo contrário, se encontra no centro, no coração, na base de nossas sexualidades. Rito central de sacrifício, desde a Antiguidade ele é onipresente nas artes, é representado nos textos, nas estátuas, nas pinturas; é uma constante através dos séculos. Tanto nos jardins de Paris quanto nos museus, representações de homens que forçam mulheres. Em *Metamorfoses*, de Ovídio, parece que os deuses matam o tempo tentando agarrar mulheres que não os desejam, a obter o que querem pela força. Fácil, para eles que são deuses. E quando elas ficam grávidas, é ainda sobre elas que recai a vingança das esposas. A condição feminina, seu alfabeto. Sempre culpadas por aquilo que nos fazem. Criaturas responsabilizadas pelo desejo que suscitam. O estupro é um programa político preciso: esqueleto do capitalismo, é a representação crua e direta do exercício do poder. Designa um dominador e organiza as leis do jogo para que possa exercer seu poder sem restrições. Roubar, arrancar, extorquir, impor, se assegurar de que sua vontade se exerça sem entraves e de que possa gozar de sua brutalidade sem que a outra parte manifeste resistência. O gozo da anulação do outro e da sua palavra, da sua vontade, da sua integridade. O estupro é a guerra civil, a organização política através da qual um sexo declara ao outro: tenho todos os direitos sobre você e te forço a se sentir inferior, culpada e degradada.

O estupro, ele é próprio do homem; não a guerra, a caça, o desejo cru, a violência ou a barbárie, mas justamente o estupro, essa coisa da qual — até o momento — as mulheres nunca se apropriaram. A mística masculina é construída como sendo naturalmente perigosa, criminosa, incontrolável por natureza. Por essa razão, ela deve ser rigorosamente vigiada pela lei, governada pelo grupo. Por detrás do véu de controle da sexualidade feminina aparece o objetivo principal dessa política: formar o caráter viril como associal, pulsional, brutal. E o estupro serve como meio para afirmar essa constatação: o desejo do homem é mais forte do que ele, o homem não pode dominá-lo. Escutamos ainda dizer que, "graça às putas, existem menos estupros", como se os machos não pudessem se conter, como se tivessem que se descarregar em algum lugar. Uma crença política construída, e não uma evidência natural — pulsional —, como querem nos fazer acreditar. Se a testosterona fizesse deles animais com pulsões indomáveis, então eles matariam com a mesma facilidade que estupram. Não é o caso. Os discursos sobre a questão da masculinidade se encontram esmaltados com resíduos de obscurantismo. O estupro, esse ato condenado do qual não se deve falar, sintetiza um conjunto de crenças fundamentais que dizem respeito à virilidade.

¤

A fantasia do estupro existe. Essa fantasia sexual; se eu realmente quiser falar sobre o "meu" estupro, preciso passar por isto. Trata-se de uma fantasia que tenho desde que era pequena. Diria que se trata de um vestígio do pouco de educação religiosa que recebi, indiretamente, através dos livros, da televisão, das outras crianças na escola, dos vizinhos. As santas amarradas, queimadas vivas, os martírios foram as primeiras imagens a me provocar emoções eróticas. A ideia de ser entregue, forçada, obrigada, era uma fascinação mórbida e excitante para a menina que então eu era. Depois disso, essas fantasias me acompanharam. Tenho certeza de que existem muitas mulheres que preferem não se masturbar, fingindo que isso não lhes interessa, a procurar saber o que as excita. Não somos todas as mesmas, mas eu não sou a única do gênero. Essas fantasias de estupro, de ser pega à força, em condições mais ou menos brutais, que tenho rejeitado durante toda a minha vida como masturbadora, isso não vem do nada, *out of the blue*. Trata-se de um dispositivo cultural onipresente e preciso, que predestina a sexualidade das mulheres a gozar de sua própria impotência, quer dizer, da superioridade do outro, e, ao mesmo tempo, a fazê-lo contra sua própria vontade, e não como putas que amam sexo. Na moral judaico-cristã, mais vale ser tomada à força do que ser tomada por vadia, repetem-nos o tempo todo. Existe uma predisposição feminina ao masoquismo, e ela não surge dos hormônios ou do tempo das cavernas, mas de um sistema cultural preciso, e também não vem sem implicações incômodas dentro do uso que podemos fazer de nossas independências. Voluptuosa e excitante, essa predisposição é também prejudicial: ser atraída por aquilo que nos destrói sempre nos separa do poder.

No caso específico do estupro, ele coloca o problema do sentimento de culpa: já que fantasiei com frequência sobre isso, sou corresponsável por minha agressão. Para piorar as coisas, nunca falamos sobre essas fantasias. Sobretudo se fomos estupradas. Somos provavelmente muitas nessa situação: ter vivido um estupro e ter tido fantasias desse tipo no passado. No entanto, só existe silêncio sobre essa questão, já que o indizível pode destruir sem impedimentos.

Quando o rapaz vira e declara "acabou a brincadeira" ao mesmo tempo em que me dá o primeiro tapa, não é a possibilidade da penetração que me aterroriza, mas a ideia de que eles podem nos matar. Não poder dar queixa e nem testemunhar. No lugar deles, no fim das contas, é o que eu teria feito. Do medo da morte, me lembro precisamente.

Essa sensação branca, uma eternidade, não ser mais nada, já não ser mais nada. Isso se aproxima mais do trauma de guerra do que do trauma do estupro, pelo que li nos livros. É a possibilidade da morte, a proximidade da morte, a submissão ao ódio desumanizado dos outros, foi isso que aquela noite indelével deixou. O estupro, para mim, tem essa particularidade: ele nos deixa obsessivas. Retorno a ele o tempo todo. Vinte anos depois, toda vez que penso ter acabado com essa história, retorno a ele. Para dizer coisas diferentes, contraditórias. Romances, contos, canções, filmes. Sempre imagino que um dia poderei pôr um fim nisso. Liquidar o acontecimento, esvaziá-lo, esgotá-lo.

Impossível. Ele é fundador — disso que sou como escritora, como mulher que não se identifica exatamente como tal. É ao mesmo tempo aquilo que me desfigura e aquilo que me constitui.

O paradigma "serviço feminino/compensação masculina" corresponde a um intercâmbio social desigual; intercâmbio que propus chamar de "prostitucional" a fim de explicitar as bases materiais concretas das convenções heterossexuais. Sejam elas publicamente consagradas pela cerimônia do casamento ou clandestinamente negociadas na indústria do sexo, as relações heterossexuais são social e psicologicamente construídas pelo postulado do direito dos homens ao trabalho das mulheres. Mesmo aqueles que denunciam a degradação e as violências feitas às mulheres raramente questionam os privilégios dos homens nos domínios sexual, doméstico e reprodutivo.

— GAIL PHETERSON
The Prostitution Prism

DORMINDO COM O INIMIGO

Fazer o que não se deve: pedir dinheiro por aquilo que deveria ser gratuito. A decisão não pertence à mulher adulta, o coletivo impõe suas leis. As prostitutas constituem o único proletariado cuja condição tanto comove a burguesia. A um ponto que frequentemente as mulheres a quem nunca faltou nada são convencidas desta evidência: a prostituição não deveria ser legalizada. Os tipos de trabalho que as mulheres pobres exercem, os salários miseráveis pelos quais vendem seu tempo, isso não interessa a ninguém. É um destino de mulheres que nasceram pobres ao qual nos acostumamos sem problemas. Nenhuma legislação proíbe ninguém de dormir na rua aos quarenta anos. A mendicância é uma degradação tolerável. O trabalho é outra. Mas a venda do sexo preocupa todo mundo, e as mulheres "respeitáveis" sempre têm algo a dizer sobre isso. Durante os últimos dez anos, tenho frequentado belas salas de estar na companhia de senhoras sustentadas via contrato matrimonial, geralmente mulheres divorciadas que conseguiram uma pensão digna desse nome e que me explicam sem nenhuma dúvida que a prostituição é uma coisa ruim para as mulheres. Elas intuitivamente sabem que aquele trabalho é mais degradante do que qualquer outro. Intrinsecamente. Não apenas em circunstâncias específicas, mas como um todo. A afirmação é categórica, raramente combinada a nuances como "se as meninas não dão seu consentimento", ou "quando elas não cobram nem um centavo pelo que fazem", ou "quando elas são obrigadas a trabalhar fora nas periferias das cidades". Sejam elas putas de luxo ou ocasionais, putas de calçada, velhas, jovens, talentosas, dominadoras, drogadas ou mães de família, não faz, a priori, nenhuma diferença. Trocar um serviço sexual por dinheiro, mesmo em boas condições, mesmo voluntariamente, é um atentado à dignidade da mulher. A prova: se elas tivessem escolha, não seriam prostitutas. Ah, essa retórica... como se a depiladora do Yves Rocher espalhasse a cera ou extraísse cravos por pura vocação estética. Que piada!, a maioria das pessoas que trabalha com isso faria outra coisa se pudesse escolher. O que não impede que, em certos ambientes, repita-se à exaustão que o importante não é tirar a prostituição da periferia das cidades, onde as prostitutas são expostas a todo tipo de agressão (lugar em que mesmo vender pães, por exemplo, seria um esporte de alto risco), nem adquirir condições legais como as que são reclamadas pelas trabalhadoras do sexo, mas proibir a prostituição. É fácil imaginar que o que essas mulheres respeitáveis não admitem, quando se preocupam com o destino das putas, é que temem a concorrência. Desleal, porque muito oportuna e direta. Se a prostituta exercer seu comércio em condições decentes, as mesmas da depiladora ou da psiquiatra, se sua atividade for liberada de todas as pressões legais às quais é submetida atualmente, a posição de mulher casada se torna bruscamente menos atrativa. Porque se o contrato prostitucional for banalizado, o contrato marital aparecerá como verdadeiramente é: uma troca na qual a mulher se compromete a efetuar um certo número de tarefas ingratas para assegurar o conforto do homem por um preço que desafia qualquer concorrência. Especialmente as tarefas sexuais.

Tenho dito publicamente em diversas ocasiões, durante entrevistas, que me prostituí, ocasionalmente, por cerca de dois anos. Depois que comecei a escrever este livro, sempre me detive ao chegar a este capítulo. Não esperava que isso fosse acontecer. São muitas reticências misturadas. É difícil contar minha experiência. Naquela época, encontrar clientes foi muito menos difícil.

Em 1991, o minitel[3] me deu a ideia de me prostituir pela primeira vez. Todos os meios de comunicação modernos servem primeiro ao comércio do sexo. O minitel, esse tira-gosto da internet, permitiu a toda uma geração de meninas se prostituir ocasionalmente em condições ideais de anonimato, de escolha do cliente, de discussão de preço, de autonomia. Aqueles que queriam pagar pelo sexo e aquelas que queriam vendê-lo podiam entrar em contato facilmente e chegar a um acordo sobre as condições dessa troca. A possibilidade de pagar os hotéis com cartão de crédito facilitava o negócio: os quartos eram limpos, o preço era moderado e não cruzávamos com ninguém na entrada. O primeiro trabalho que fiz com o minitel, em 1989, consistia em vigiar um servidor. Me pagavam para que eu desconectasse todos os usuários que utilizassem uma linguagem racista ou antissemita, além dos pedófilos e, enfim, as prostitutas. Dessa forma, assegurava-se que aquele instrumento não servisse nem às mulheres que quisessem dispor livremente de seus corpos para ganhar dinheiro nem aos homens que podiam pagar e desejavam solicitar com clareza aquilo que procuravam sem usar de subterfúgios para obtê-lo. Porque a prostituição não deve ser banalizada, nem ser exercida em condições confortáveis.

3. Sistema de comunicação telefônica por escrito que existia na França antes da internet. [N.T.]

¤

1991, Primeira Guerra do Golfo, retransmitida pela televisão, mísseis Scud sobre Bagdá, um *single* do Noir Désir em rotação intensa, *Aux sombres héros de l'amer*, o Professor Griff é eliminado do Public Enemy, Neneh Cherry usa calças colantes e tênis enormes. Eu me visto da forma mais unissex possível, quer dizer, quase como um menino. Não uso maquiagem, não tenho um corte de cabelo preciso, não uso joias nem sapatos de mulher. Não me interessam os atributos femininos clássicos. Tenho outras coisas na cabeça.

Trabalho em um supermercado, revelando fotos em uma hora. Tenho 22 anos. Não tenho, a princípio, o perfil de quem se envereda pelo comércio do sexo. De todo jeito, não possuo o *look* para isso. Inclusive, dois anos antes, quando trabalhava como vigilante da rede minitel e via "homens generosos" oferecerem mil francos por um encontro, isso me parecia uma armadilha: eu acreditava que eles ofereciam um preço tão alto para atrair as pobres meninas para suas casas e lhes infligirem uma série de horrores antes de jogá-las nuas e ensanguentadas no buraco mais próximo. Leituras de Ellroy, alguns filmes no cinema; a cultura dominante passa sempre a sua mensagem: cuidado, meninas, adoramos seus cadáveres. A longo prazo, acabei admitindo que os homens pagavam efetivamente mil francos pela trepada e deduzi que as meninas em questão deviam ser umas gostosonas doidas.

Eu detestava trabalhar. Ficava deprimida com o tempo que isso me tomava e com o pouco que ganhava e com a facilidade com que o gastava. Olhava as mulheres mais velhas do que eu, uma vida inteira trabalhando daquele jeito para ganhar um pouco mais do que um salário mínimo e para, aos cinquenta anos, levar uma bronca do chefe da seção por irem muitas vezes ao banheiro. Mês após mês, compreendia os detalhes do que isso queria dizer, uma vida de trabalhadora honesta. E não enxergava uma escapatória possível. Já nessa época, deveria me contentar em ter um trabalho. Mas nunca fui razoável e sempre tive problemas em me conformar.

No computador em que faturávamos as fotos reveladas podíamos acessar o minitel, e eu me conectava com frequência para conversar com um amante loiro, um rapaz parisiense que trabalhava como "animadora" num servidor. Estava acostumada às conversas no minitel e, consequentemente, falava de passagem com muita gente. Houve uma vez uma conversa mais excitante do que as outras, com um senhor persuasivo. O primeiro encontro que marquei foi com ele. Me lembro de sua voz, de como era cálida e excitante, de como eu pensava que deveria conferir do que se tratava, afinal, de como isso me deixava enlouquecida. No fim, não fui ao encontro. Eu me preparei, cheguei perto do local, mas amarelei no último instante. Muito medo. Muito distante de mim. Fora da minha vida. As meninas que "faziam isso" tinham certamente recebido algum tipo de sinal específico, uma mensagem de outra dimensão. Eu acreditava ser impossível poder improvisar na prostituição, que havia uma espécie de iniciação precisa que me faltava. Mas o afã do lucro, misturado com a curiosidade e com o imperativo de descobrir uma maneira de ser demitida do supermercado, além da vontade de aprender alguma coisa de importante... Marquei um novo encontro alguns dias depois com um outro homem, não muito sexy dessa vez. Apenas um cliente de verdade.

A primeira vez que saio de saia curta e salto alto. A revolução depende de poucos acessórios. A única sensação comparável, desde então, foi a minha primeira participação num programa de televisão, no Canal Plus, quando estreamos o filme *Baise-moi*. Você não mudou nada, mas alguma coisa fora mudou e nada mais é como antes. Nem as mulheres, nem os homens. Sem que você tenha certeza de gostar dessa mudança, de compreender todas as suas consequências. As americanas, quando relatam suas experiências como "trabalhadoras do sexo", adoram usar a expressão *empowerment*, empoderamento, um aumento de poder. Eu imediatamente adorei o impacto que causava na população masculina, o exagero quase teatral, a mudança notável de status. Até então eu tinha sido uma mulher quase transparente, cabelos curtos e tênis sujos, e bruscamente tinha me transformado em uma criatura do vício. Genial. Me fez lembrar da Mulher Maravilha, que dá voltas na sua cabine telefônica e sai transformada em super-heroína, tudo isso era divertido. Mas também tive medo de imediato, justamente dessa importância que ia além da minha compreensão e do meu controle. O efeito que isso provocava em muitos homens era quase hipnótico. Entrar nas lojas, no metrô, atravessar a rua, sentar-se num bar. Atrair olhares esfomeados em todos os lugares, ser incrivelmente presente. Detentora de um tesouro furiosamente desejado, no meio das minhas pernas, meus seios, o acesso a meu corpo ganhava uma importância extrema. E isso funcionava não apenas com os tarados. Esse tipo de coisa interessa a quase todo mundo, uma mulher com estilo de puta. Eu havia me tornado um brinquedo gigante. De toda forma, uma coisa era certa: eu era capaz de fazer esse trabalho. Finalmente, não era necessário ser uma gostosona ou conhecer segredos técnicos inimagináveis para se transformar em uma mulher fatal... jogar o jogo era suficiente. O jogo da feminilidade. E ninguém poderia dizer "cuidado, é uma impostora", porque eu não era uma, não mais do que as outras.

Esse processo me fascinava no início. Eu, que sempre fui indiferente a essas coisas de menina, apaixonei-me pelos saltos-agulha, pela lingerie fina e pelos conjuntos de saia e terno femininos. Me lembro de minha própria perplexidade durante os primeiros meses, quando via meu reflexo nas vitrines. É verdade que aquela imagem não era apenas eu, aquela grande puta de pernas alongadas pelos saltos altos. A menina tímida, grossa, masculina, desaparecia num piscar de olhos. Mesmo o que era masculino em mim, como meu jeito de andar super-rápido e com segurança, tudo se transformava, uma vez o uniforme vestido, em atributo de hiperfeminilidade. Apreciei isso, a princípio, virar essa outra menina. Era como viajar. Viajar ficando no mesmo lugar, mas em outra dimensão. Imediatamente, depois do uniforme colocado: mudança de postura, mais segurança, como depois de um tiro de cocaína. Depois, como com a cocaína: tudo ficou mais difícil de administrar.

Enquanto isso, armei-me de coragem, tive meu primeiro cliente a domicílio, um sessentão que fumava uma cigarrilha atrás da outra e que falava muito durante o sexo. Ele me parecia solitário e surpreendentemente gentil. Não sei se foi meu jeito entorpecido ou doce, ou, ao contrário, muito imponente, ou se simplesmente tive sorte, mas essa tendência se confirmou depois: os clientes eram carinhosos comigo, atentos, ternos. Muito mais do que na vida real, na verdade. Se não me falha a memória, e acredito que não, não era a agressividade deles que era difícil de suportar, nem seu desprezo, nem nada do que queriam, mas sua solidão, suas tristezas, suas peles brancas, sua timidez desamparada, o que eles mostravam de frágil, sem maquiagem, o que eles mostravam de suas fraquezas. A velhice deles, a vontade que tinham de carne fresca contra seus corpos de velhos. Suas barrigas enormes, seus pintos pequenos, a bunda flácida ou os dentes amarelados. Era a fragilidade deles que complicava as coisas. Aqueles que se poderiam desprezar ou odiar eram, finalmente, aqueles com quem poderíamos estar sem nos abrir. Cobrar o máximo possível no mínimo de tempo e não pensar mais nisso depois. Mas, durante minha curta experiência, os clientes eram cheios de humanidade, de fragilidade, de angústia. E era isso que ficava, depois, colado como um remorso.

Nesse momento, de um ponto de vista físico: tocar a pele do outro, colocar a minha à disposição, abrir minhas pernas, meu ventre, meu corpo inteiro ao cheiro do estrangeiro, superar o asco corporal, nada disso era um problema para mim. Era uma questão de caridade, mesmo que paga. Era tão clara a importância para o cliente de que a gente não demonstrasse nojo pelas suas preferências ou surpresa com seus defeitos físicos, que, finalmente, valia a pena fingir.

Descobrir um mundo completamente novo, no qual o dinheiro mudava de valor. O mundo das mulheres que jogam o jogo. O que se ganhava em quarenta horas de trabalho ingrato nos era oferecido em menos de duas. Evidentemente sem contar o tempo de preparação, depilação, tingimento do cabelo, manicure, a compra de roupas, maquiagem, e o custo das peças íntimas, da lingerie, das coisas de vinil. Ao mesmo tempo, as condições de trabalho continuavam luxuosas. Os homens que podem se permitir pagar por mulheres adoram fazê-lo. Cheguei a essa conclusão. Alguns gostam de frequentar as putas segundo um ritual estrito, dinheiro vivo na mão e o cenário exato de um negócio previamente acertado. Outros preferem que aquilo se pareça mais com uma relação. Chamam a isso libertinagem, pedem que levemos recibos ou que a gente diga de forma concreta o que queremos ganhar de presente. Um jeito de brincar de papai, na verdade.

"Sublinhemos que aquelas ou aqueles que cobram dinheiro em troca de serviços sexuais são definidos pela sua atividade como 'prostitutas', um estatuto ilegítimo ou ilegal, ao mesmo tempo em que aqueles que pagam pelo sexo são raramente diferenciados da população masculina em geral", escreveu Gail Pheterson em *The Prostitution Prism*. Dizer que você "teve um cliente" é se colocar à margem da sociedade e se submeter às fantasias sexuais mais diversas. Nada trivial. Dizer que você vai ver putas é diferente. Isso não faz de um homem um marginalizado, nem carimba sua sexualidade, nem o predefine de maneira alguma. Espera-se que os clientes de prostitutas constituam uma população variada, por suas motivações e funcionamentos, suas categorias sociais, suas idades, suas culturas. As mulheres que fazem esse trabalho são imediatamente estigmatizadas, pertencem a uma categoria única: a das vítimas. Na França, a maioria delas se recusa a falar em público, a mostrar o próprio rosto, porque sabe que isso não se assume. É preciso ficar em silêncio. Sempre a mesma mecânica. Exige-se que elas sejam sujas, maculadas. E se não dizem o que têm que dizer, se não se queixam do dano que lhes foi feito, se não contam como foram forçadas, então pagam caro. Não tememos que elas não sobrevivam, muito pelo contrário: temos medo de que elas venham nos dizer que seu trabalho não é tão aterrorizante quanto parece. E não somente porque todo trabalho é degradante, difícil e exigente. Mas também porque muitos homens nunca são tão amáveis como quando estão com uma puta.

Creio que em dois anos devo ter encontrado mais de cinquenta clientes diferentes. Cada vez que precisava de dinheiro vivo, me conectava ao minitel em um servidor de Lyon. Em dez minutos de conexão, conseguia vários números de telefone de homens e procurava marcar um encontro para o mesmo dia. Eram, na maioria das vezes, homens em viagens de negócios. Em Lyon, havia mais clientes do que meninas, o que facilitava a seleção e tornava o trabalho mais agradável. Quando conversei com aqueles que "vinham" regularmente, eles disseram encontrar o que buscavam rapidamente. Se os clientes eram numerosos e rapidamente satisfeitos, é porque éramos muitas a oferecer nossos serviços. A prostituição ocasional não é, então, nada de extraordinário. A única coisa excepcional no meu caso é que falo sobre isso. Esse trabalho, que pode ser exercido dentro do maior segredo, não é nunca nada além de um *job* bem pago para uma mulher pouco ou nada qualificada.

Quando trabalhava em salões de massagens "eróticas" e em alguns *peep-shows* parisienses, o tempo de espera entre dois clientes me dava a oportunidade de conversar com as outras mulheres. Conheci meninas dos mais variados perfis, os mais inesperados segundo a consciência coletiva para "esse tipo de trabalho". A primeira vez em que trabalhei em um salão de massagens, eu vinha de um meio de extrema esquerda em que sempre ouvi, e acreditei, que as meninas que se prostituíam eram vítimas, inconscientes ou manipuladas, encurraladas. A realidade do dia a dia é bem diferente. A moça que me abriu a porta era uma negra assombrosa, uma das garotas mais lindas que já vi pessoalmente. Difícil de me compadecer ou de ter piedade de uma criatura assim. Depois a conheci melhor, ela era um pouco mais jovem do que eu, muito mais bem integrada socialmente, já tinha trabalhado diversas vezes como esteticista, estava noiva de um cara que ela amava, era muito bem-humorada e possuía um excelente gosto musical. Eu a achava sólida, trabalhadora, decidida. Lúcida e clara, comparada a mim ou às meninas que eu conhecia. Nada a ver com a imagem que eu tinha das profissionais do sexo. Muito solicitada, ela ganhava uma fortuna todos os dias, somas em dinheiro que economizava conscienciosamente. Ao mesmo tempo que eu, começou a trabalhar no salão uma morena que havia passado seis meses na antiga Iugoslávia prestando ajuda humanitária. Era diplomada em uma escola de comércio e tinha ficado desorientada na hora de procurar um "bico" normal. Ela tinha tentado os salões de massagens eróticas por acaso. Dizia ao namorado que era secretária de uma grande agência. Ela não se via fazendo aquilo durante muito tempo. Tínhamos longas conversas sobre a estranheza desse tipo de trabalho, que nos fascinava igualmente.

Os únicos pontos comuns que encontrei entre todas as meninas que trabalhavam ali eram, claro, a falta de dinheiro, e, sobretudo, o fato de elas não falarem sobre o que faziam. Nem para os amigos, nem para a família, nem para os namorados ou para os maridos. Acredito que a maioria delas fez exatamente como eu: trabalharam com isso durante algum tempo, algumas vezes, e depois se dedicaram a coisas completamente diferentes.

As pessoas adoram fazer cara de incredulidade quando anunciamos que trabalhamos como puta, mas é a mesma coisa com o estupro: pura hipocrisia. Se fosse possível realizar uma pesquisa, ficaríamos estupefatos ao descobrir as verdadeiras estatísticas de meninas que já venderam sexo a um desconhecido. Na nossa cultura, hipocritamente, o limite entre sedução e prostituição é borrado, e no fim das contas todo mundo tem consciência disso.

Durante todo o primeiro ano, adorei o trabalho. Porque o dinheiro era mais fácil do que em outros lugares, mas também porque me permitiu experimentar quase tudo o que me intrigava, me excitava, me perturbava ou me fascinava sem esquentar muito a cabeça e sem todos os julgamentos morais. Bem como me permitiu experimentar outras coisas em que não havia pensado espontaneamente, e que não teria gostado tanto se me pedissem na intimidade, mas que eram interessantes de se fazer ao menos uma vez. Só entendi o conforto dessa minha posição depois de tê-la abandonado, quando, após me transformar em Virginie Despentes, fui dar uma volta num clube de *swing*. Me dei conta então de que era muito mais fácil fazê-lo como uma puta que acompanha um cliente. Sem dor de cabeça: venho aqui porque é meu trabalho, faço aquilo que não se faz e sou paga por isso. É punk rock. Sem a motivação do dinheiro, tudo se complicava: será que eu estava lá para acompanhar um produtor ou somente pelo meu próprio prazer? Será que eu fazia aquelas coisas porque estava muito bêbada ou porque aquilo verdadeiramente me excitava? Tinha coragem de ao menos saber como me sentiria no dia seguinte? Voluntária e lúdica, minha sexualidade me aparecia infinitamente mais confusa. Sou uma garota, por isso o território do sexo fora do casal não me pertence. A prostituição ocasional, com a opção da seleção dos clientes e dos tipos de roteiros possíveis, é também uma maneira de uma mulher dar um pulo nos domínios do sexo sem sentimentos, de experimentar sem ter que fingir que o faz por puro prazer ou por esperar benefícios sociais colaterais. Quando se é puta, sabe-se o que se veio fazer e por quanto — melhor ainda se tudo correr bem ou se a curiosidade for satisfeita. Quando se é uma mulher livre, as coisas são muito mais difíceis de administrar, definitivamente menos leves.

A princípio, todo mundo me felicitava e se alegrava tanto com o meu sucesso que era fácil apreciar meu novo trabalho. Uma garota que se torna mais feminina, isso causa comoção. As coisas são assim. Raros foram aqueles que me perguntaram o que estava acontecendo comigo. Como já disse antes, eu nunca havia me interessado por "roupas de mulher", mas tê-las vestido me fez compreender duas ou três coisas importantes sobre os homens. Quando menos se espera, o efeito produzido pelos objetos-fetiche — cinta-liga, salto-agulha, sutiãs que ressaltam o peito ou batom vermelho — parece uma piada. Fingimos que não sabemos disso quando nos compadecemos das mulheres-objeto, coelhinhas de peitos remodelados, todas as gostosas anoréxicas e reconstruídas que aparecem na televisão. Mas a fragilidade está sobretudo do lado dos homens. Como se ninguém lhes tivesse avisado que o Papai Noel não vai chegar: basta que eles vejam um casaco vermelho para que saiam correndo balançando a lista de presentes que gostariam de receber perto da chaminé. Adoro, desde então, escutar como os homens dissertam sobre a estupidez das mulheres que amam o poder, o dinheiro ou a celebridade: como se isso fosse mais idiota do que adorar uma cinta-liga...

A prostituição foi uma etapa crucial, no meu caso, da reconstrução depois do estupro. Um esforço de indenização, nota por nota, daquilo que me havia sido tirado com brutalidade. Aquilo que eu podia vender, a cada cliente, havia até então mantido intacto. Se o vendia dez vezes seguidas, é que aquilo não se estragava com o uso. Esse sexo pertencia só a mim, não perdia seu valor à medida que era utilizado e podia ser rentável. Novamente, me encontrava numa situação de ultrafeminilidade, mas dessa vez eu tirava um benefício líquido.

O que é difícil, ainda hoje, não é tê-lo feito. Concentrar-me em meu passado para escrever este capítulo me traz boas lembranças. A adrenalina liberada antes de bater numa porta e o efeito ainda mais forte dessa adrenalina quando algumas sessões começavam. Do ponto de vista do sexo, adoraria poder dizer outra coisa, uma vez que já não tenho grande interesse em me desenvolver ainda mais no gênero *trash*, mas era muito excitante, em geral. Ser uma puta era quase sempre o máximo, o desejo era gratificante. Aquelas foram também minhas primeiras saídas para fazer compras de verdade, com meu próprio dinheiro, somas em dinheiro vivo como nunca tinha sonhado possuir para torrar num só dia. Além disso, essa experiência me apresentou os homens através de um prisma pueril, mais frágeis, vulneráveis, e os tornou mais simpáticos, menos impressionantes, mais amáveis. E, finalmente, acessíveis. Eu tinha descoberto uma receita para chamar mais atenção do que podia administrar. Mais do que teria podido imaginar, isso diminuiu minha agressividade contra eles, o que, contrariamente ao que se possa pensar, nem é tão grande. O que me deixa furiosa não é o que os homens fazem ou são, mas o que querem me impedir de fazer ou de ser.

¤

Falar disso é que é complicado. O que isso causa na cabeça das pessoas, algo que eu descobriria logo. A condescendência, o desprezo, a familiaridade, as conclusões precipitadas.

¤

Quando cheguei a Paris: a prática ficou complicada. Muito mais meninas, muito mais brancas, vindas do Leste Europeu, lindas, muito mais clientes perigosos. Os servidores minitel eram muito mais vigiados, difícil me dar ao luxo de fazer a mesma seleção de antes. Eu conhecia mal os bairros a que ia. E quando tentava trabalhar em empregos como massagista ou dançarina de striptease para ter uma estrutura, as porcentagens eram ridículas, os lugares muito pequenos, a oferta sempre superior à demanda, o que acabava com o clima entre as garotas. E eu não estava mais solteira, então foi o início das mentiras, com a sensação de levar minha merda para casa. Perda de equilíbrio.

Foi difícil parar. Voltar aos trabalhos pagos normalmente, em que se é tratada normalmente, assalariada. Levantar de manhã, passar todo o resto do tempo no emprego. De qualquer jeito, mesmo que eu procurasse em todos os lugares, não encontraria trabalho algum. Tive que esperar conhecer alguém que conhecia alguém que trabalhava na Virgin para que eu pudesse ser vendedora durante alguns meses. Trabalhar por um salário mínimo havia se tornado um artigo de luxo. O mercado tinha se endurecido e, ao mesmo tempo, eu havia envelhecido, com uns períodos vazios suspeitos no meu currículo. A readaptação não foi nada fácil. O único trabalho estável que encontrei foi redigir resenhas de filmes para um editor de uma revista pornô. O que não pagava o aluguel em Paris. Tomei conta de crianças, pelo menos isso me divertia, mas esse trabalho não era suficiente para viver na capital.

Existe uma comparação possível entre usar drogas pesadas e ser puta. Começa de um jeito legal: sensações fáceis de poder (sobre os homens, sobre o dinheiro), emoções fortes, descobertas interessantes sobre si mesma, libertação das dúvidas. Mas é um alívio traiçoeiro, os efeitos secundários são duros, continua-se buscando as sensações do início, como com a droga. E, quando se tenta parar, as complicações são parecidas: tem-se uma recaída uma vez, uma só, e depois na semana seguinte, e, ao menor problema, liga-se o minitel uma última vez. Então você começa a entender que aquilo te traz mais problemas do que benefícios, mas ainda assim você continua.

O que era uma força fantástica e controlada se torna algo ameaçador. E tudo que antes era atraente passa a ser um problema.

Fiquei assim durante algum tempo, indo e vindo, até que me tornei Virginie Despentes. A parte promocional do meu trabalho como escritora midiatizada sempre me impressionou pelas semelhanças com o ato de se prostituir. Só que quando se diz "sou uma puta", todos os salvadores ficam do nosso lado, enquanto que quando se diz "apareço na televisão", os invejosos são os únicos que mostram a cara contra você. Mas o sentimento de não pertencer a si mesma, de vender aquilo que é íntimo, de mostrar em público o que é privado, é exatamente o mesmo.

Ainda não consigo fazer a distinção clara entre a prostituição e o trabalho legal assalariado, entre a prostituição e a sedução feminina, entre o sexo pago e o sexo interessado, entre o que conheci naqueles anos e o que vi nos anos seguintes. O que as mulheres fazem com seus corpos, a partir do momento em que são cercadas por homens que têm poder ou dinheiro, tudo isso me parece muito próximo, no fim das contas. As nuances entre a feminilidade tal como é anunciada pelas revistas e a feminilidade da puta sempre me escapam. E, mesmo que algumas não deixem claro seu preço, tenho a impressão de ter conhecido muitas putas, desde então. Muitas mulheres a quem o sexo não interessa, mas que sabem lucrar com ele. Que se deitam com homens velhos, feios, chatos, deprimentes pela sua burrice, mas poderosos socialmente. Que se casam com eles e lutam para conseguir o máximo de dinheiro no momento do divórcio. Que acham normal serem mantidas por eles, levadas para viajar, mimadas. Que consideram isso um sucesso. É triste ouvir as mulheres falarem de amor como de um contrato econômico implícito. Esperar que os homens paguem para se deitarem com elas. E me parece também tão assustador que elas renunciem a toda independência — uma vez o cliente satisfeito, a puta pode pelo menos ir dar uma volta tranquila —, assim como no caso dos homens, cuja sexualidade só é reconhecida se eles têm os meios para tanto. É o meu lado classe média: há evidências que não consigo digerir, e não sou nada sutil na maioria das vezes. Mas se eu tivesse que aconselhar uma menina, diria a ela que faça as coisas com clareza, que preserve sua independência, e, caso queira, que tire proveito de seus encantos ao invés de se casar, se encarcerar, engravidar e se deixar prender por um sujeito que ela não suporta a não ser que a leve para viajar.

Os homens adoram imaginar que o que as mulheres querem é lhes seduzir e enlouquecer. Trata-se da mais pura projeção homossexual: se fossem do sexo feminino, achariam formidável poder excitar outros homens. Ok, é verdade, é agradável fazê-los perder a cabeça por causa de decotes e batons vermelhos. Há quem adore se vestir de Mickey para distrair as crianças, mas também há quem goste de outras coisas. Há, por exemplo, quem prefira não trabalhar na Disney. O ato de seduzir se encontra ao alcance de muitas jovens a partir do momento em que elas aceitam participar do jogo, porque se trata essencialmente de reconfortar os homens a respeito de sua virilidade por meio do jogo da feminilidade. Lucrar pessoalmente com isso exige um perfil específico, qualidades mais raras. Não somos todas originárias de classes sociais superiores, não somos todas treinadas para tirar dos homens o máximo de dinheiro possível. E, no entanto, algumas de nós preferem o dinheiro que ganhamos nós mesmas. Contrariamente à ideia pré-fabricada de muitos homens, nem todas as mulheres têm alma de cortesã. Algumas, por exemplo, gostam do exercício direto do poder, aquele que nos permite chegar a qualquer lugar sem ter que sorrir

para três fulanos quaisquer, esperando que nos contratem para tal posto ou que nos confiem alguma coisa. O poder que permite ser desagradável, exigir, ir direto ao ponto. E esse poder não é mais vulgar se exercido por uma mulher do que por um homem. Espera-se que renunciemos a esse tipo de prazer em função de nosso sexo. É pedir muito. Encontramos poucas Sharon Stones na vida real. E muitas lindíssimas mulheres entupidas de cocaína, idiotas dentro de seus lindos vestidos. Os homens adoram as mulheres bonitas, fazer-lhes a corte e se exibir ao lado delas quando conseguem levar uma delas para suas camas. Mas o que eles mais gostam é de vê-las quebrar a cara e fingir que têm pena delas, ou então se divertir diretamente com isso. A prova é a alegria imunda que sentem ao ver aquelas mulheres que não conseguiram levar para a cama, ou que os fizeram sofrer, envelhecer. O que poderia ser mais rápido e previsível do que a decadência de uma mulher que foi bela? Não é preciso ser muito paciente para obter vingança.

¤

"O que acaba sendo considerado inaceitável não é o fato de se gratificar materialmente uma mulher em troca da satisfação do desejo de um homem, mas sim que essa gratificação seja pedida de forma explícita", escreve Pheterson.

Como o trabalho doméstico e a educação dos filhos, o serviço sexual feminino deve ser voluntário. O dinheiro, ele é independência. O que incomoda a moral no caso do sexo pago não é o fato de a mulher não ter prazer, mas o fato de que ela pode sair de casa e ganhar seu próprio dinheiro. A puta é a "mulher do asfalto", aquela que se apropria da cidade. Ela trabalha fora do que é doméstico ou maternal, fora da célula familiar. Os homens não precisam mentir para elas, nem elas enganá-los, então correm o risco de se tornarem cúmplices. As mulheres e os homens não deveriam, tradicionalmente, se entender, se ouvir e praticar a sinceridade entre si. É evidente que essa possibilidade dá medo.

Na mídia francesa, em documentários e reportagens de rádio, a prostituição retratada é sempre aquela mais sórdida, a prostituição de rua que explora as meninas imigrantes ilegais. E isso graças ao aspecto sensacionalista óbvio: um pouco de injustiça medieval em nossas periferias sempre produz belas imagens. E adoramos nos solidarizar com as histórias de mulheres abusadas, que mostram a todas as outras do que se safaram. E também porque aquelas e aqueles que trabalham na rua não podem mentir sobre sua atividade, como o fazem aquelas e aqueles que vendem sexo pela internet. Procuramos sempre o mais sórdido e o encontramos sem dificuldade, porque se trata justamente daquela prostituição que não possui os meios para escapar do olhar de todos. Garotas privadas de seus direitos, de consentimento, trabalhando como num abatedouro, treinadas à base de estupros, viciadas em crack, retratos de meninas perdidas. Quanto maior a estranheza da situação, mais o homem se sente forte por comparação. Quanto maior a sordidez, mais o povo francês se julga emancipado. Depois, é a partir dessas imagens inaceitáveis de uma prostituição praticada em condições terríveis que tiramos todas as nossas conclusões sobre o sexo pago em sua totalidade. É tão pertinente quanto falar do setor têxtil mostrando apenas imagens de crianças trabalhando ilegalmente dentro de porões. Mas, tudo bem, o que conta é dar apoio a uma única ideia: nenhuma mulher deve se beneficiar de seus serviços sexuais fora do casamento. Em nenhum caso a mulher é considerada suficientemente adulta para decidir comercializar seus encantos. Ela prefere forçosamente ter uma profissão honesta. Ou que é julgada honesta pelas instâncias morais. E não degradante. Porque, fora das situações amorosas, o sexo é sempre degradante para as mulheres.

Essa imagem específica da prostituta que tanto gostamos de exibir, destituída de seus direitos, privada de sua autonomia, de seu poder de decisão, possui diversas funções. Explicitamente: mostrar aos homens que têm vontade de pegar uma puta até onde eles devem descer para conseguir fazê-lo. Dessa maneira, eles também são redirecionados ao casamento, em direção à célula familiar: todo mundo deve ficar dentro de casa. Esse é também um jeito de lembrar aos homens que sua sexualidade é forçosamente monstruosa, que ela produz vítimas, destrói vidas. Porque a sexualidade masculina deve continuar sendo criminalizada, perigosa, associal e ameaçadora. Não se trata mais de uma verdade em si mesma, mas de uma construção social. Quando impedimos as putas de trabalhar dentro de condições decentes, é evidente que é às mulheres que se pretende atingir, mas é também a sexualidade masculina que se quer controlar. Dar uma trepada tranquila quando eles têm vontade não deve ser muito agradável ou fácil. A sexualidade deles continua sendo um problema. Dupla punição, aqui também: todas as imagens na cidade provocam desejo, mas seu alívio deve continuar problemático e cheio de culpa.

A decisão política que transforma as prostitutas em vítimas preenche sua função assim: marcar o desejo masculino, confiná-lo em sua ignomínia. Que ele possa gozar pagando se quiser, mas que frequente então a podridão, a vergonha, a miséria. O pacto da prostituição "eu te pago, você me satisfaz" é a base da relação heterossexual.

Fingir que esse pacto é estranho à nossa cultura é uma hipocrisia. Muito pelo contrário, a relação entre cliente macho heterossexual e puta é um contrato saudável e claro entre sexos. Por isso, torna-se necessário complicá-lo, culpabilizá-lo.

Quando as leis de Sarkozy empurram as prostitutas de rua para fora da cidade e as obrigam a trabalhar nas florestas para além das periferias, submissas aos caprichos de policiais e de clientes (o simbolismo da floresta é interessante: a sexualidade deve sair fisicamente do domínio do visível, do consciente, do esclarecido), não se trata de uma decisão política que zela pela moral. A questão não é apenas esconder essa população pobre dos olhos dos moradores mais ricos dos centros das cidades. Na verdade, é através do corpo da mulher, uma ferramenta decididamente essencial à elaboração política da mística viril, que o governo deporta das cidades o desejo bruto dos homens. Mas, se até então as putas se instalavam à vontade nos bairros mais favorecidos, é porque era ali que os clientes estavam, parando para receber uma chupada antes de entrar em casa.

¤

Pheterson cita Freud em seu livro: "existe apenas um pequeno número de pessoas educadas em que as duas correntes, de afeição e de sensualidade, se fundiram adequadamente; o homem quase sempre sente respeito pela mulher, que atua como restrição à sua atividade sexual, e só desenvolve potência completa quando se acha com um objeto sexual depreciado; e isto, por sua vez, é causado, em parte, pela entrada de componentes perversos em seus objetivos sexuais, os quais não ousa satisfazer com a mulher que ele respeita".

A dicotomia mãe-puta é traçada artificialmente sobre o corpo das mulheres, como fizeram com o mapa da África: sem levar em consideração a realidade do terreno, mas unicamente os interesses de seus ocupantes. Ela não acontece a partir de um processo "natural", mas de uma vontade política. As mulheres são condenadas a serem cindidas em duas opiniões incompatíveis. E os homens se encontram presos dentro de outra dicotomia: o que os excita deverá continuar sendo um problema. Sobretudo sem reconciliação possível, isso é um imperativo. Eles se excitam com aquilo que os envergonha, num desacordo fundamental consigo mesmos. Expulsando a prostituição da rua, aquela que oferece o alívio mais rápido, o corpo social complica o alívio masculino.

¤

A frase de um cliente me marcou, repetida várias vezes depois, por homens diferentes, após diferentes encontros. Ele me dizia, num tom doce e um pouco triste, de todo modo resignado: "é por causa de caras como eu que garotas como você fazem o que fazem". Era uma forma de me atribuir o lugar de menina perdida, provavelmente porque eu não dava suficientemente a impressão de sofrer com o que fazia. Era também uma frase que vinha expressar o quão doloroso é o lugar do prazer masculino: o que eu adoro fazer com você produz forçosamente infelicidade. Um encontro com sua culpa. Uma necessidade de ter vergonha do seu próprio prazer, que de outro modo poderia ser alcançado numa situação em que ninguém fosse ferido e que satisfizesse ao mesmo tempo as duas partes envolvidas. O desejo dos homens deve machucar as mulheres, ultrajá-las. E, consequentemente, infligir culpa aos homens. Mais uma vez, não se trata de uma fatalidade, mas de uma construção política. Os homens atualmente não dão a impressão de querer se libertar desse tipo de prisão. Ao contrário.

¤

Não estou tentando afirmar que esse trabalho seja inofensivo, que não importam suas condições ou o tipo de mulher envolvida. Mas sendo o mundo de hoje economicamente o que é, isto é, uma guerra cruel e sem piedade, impedir o exercício da prostituição dentro de circunstâncias legais adequadas é especificamente impedir que a classe feminina enriqueça, que tire proveito de sua própria estigmatização.

¤

Acredito que eu não teria uma lembrança tão positiva desses anos de prostituição ocasional sem a leitura das feministas americanas pró-sexo,[4] como Norma Jean Almodovar, Carol Queen, Scarlot Harlot, Margo St. James, por exemplo. Não se trata de mera coincidência que nenhum de seus textos seja traduzido para o francês, que a versão francesa de *The Prostitution Prism* de Pheterson tenha apenas uma pequena distribuição, mesmo sendo uma obra fundamental, e que o livro *J'ai des choses à vous dire* [Tenho coisas para te contar], de Claire Carthonnet, não seja quase lido, sendo rebaixado à condição de mero

4. A autora refere-se aqui ao feminismo *pro-sex*, uma reação feminista americana frente ao feminismo conservador *pro-censorship*, o qual defende a abolição da prostituição e a censura da produção audiovisual pornográfica. Traduzimos aqui literalmente como "pró-sexo". [N.T.]

testemunho pessoal. O deserto teórico ao qual a França se condena é uma estratégia, porque é necessário manter a prostituição na vergonha e no escuro para proteger o máximo possível a célula familiar clássica.

¤

Recomecei a fazer alguns clientes no fim de 1991, e escrevi *Baise-moi* em abril de 1992. Não acho que se trate de uma simples coincidência. Existe uma ligação real entre a escrita e a prostituição. Romper os limites, fazer o que não se deve, mostrar sua intimidade, se expor aos perigos do julgamento de todos, aceitar sua exclusão do grupo. Como mulher, particularmente: transformar-se em uma mulher pública. Ser lida por todo mundo, falar do que deveria continuar em segredo, ser exibida nos jornais... Em clara oposição com o lugar que tradicionalmente nos é reservado: mulher privada, propriedade, metade, uma sombra do homem. Tornar-se escritora de livros, ganhar dinheiro com facilidade, provocar ao mesmo tempo fascínio e repulsa: a vergonha pública é comparável à da puta. Aliviar, fazer companhia àqueles que ninguém deseja acompanhar, compartilhar as intimidades de desconhecidos, aceitar sem julgamento diversos tipos de desejos. Existem muitas prostitutas nos livros: Bola de Sebo, Nana, Sônia Marmeladova, Marguerite, Fantine... São figuras populares, antimadres, no sentido religioso do termo, mulheres sem julgamento, compreensivas, que estão de acordo com o desejo dos homens, condenadas e livres. Quando os homens se imaginam como mulheres, se projetam mais facilmente como putas excluídas e livres em seus movimentos do que como mães de família preocupadas com a limpeza do lar. Frequentemente as coisas são exatamente o contrário daquilo que elas nos dizem que são, e é por isso que nos repetem as mesmas coisas com tanta insistência e brutalidade. A figura da puta é um bom exemplo: quando se afirma que a prostituição é uma "violência feita às mulheres", pretende-se que esqueçamos que a verdadeira violência imposta às mulheres é o casamento, assim como de maneira geral a maioria das coisas que suportamos. Aquelas que transam gratuitamente devem continuar a achar que se trata da única escolha possível; senão, como controlá-las? A sexualidade masculina não constitui em si uma violência contra as mulheres se elas estiverem de acordo e forem bem remuneradas. A violência vem desse controle que é exercido sobre todos nós, essa faculdade de decidir em nosso lugar o que é digno e o que não é.

A pornografia é como um espelho em que podemos nos observar. Às vezes o que descobrimos não é muito bonito de ver e pode nos deixar bastante desconfortáveis. Mas que oportunidade maravilhosa de se conhecer, de se aproximar da verdade e de aprender… A resposta ao pornô malfeito não é proibir o pornô, mas fazer filmes pornôs melhores!

— ANNE SPRINKLE
Hardcore from the Heart

PORNOFEITICEIRAS

O que se quer saber é o que diabos existe de crucial no pornô para que se confira a ele tamanho poder blasfematório. Basta mostrar uma buceta depilada comida por um pau enorme e muitos de nossos contemporâneos contraem a bunda para não se comprometerem. Alguns repetem com um jeito *blasé*: "isso não me interessa", mas basta caminhar cem metros na cidade ao lado de uma atriz pornô para se convencer do contrário. Ou se conectar à internet para ler a prosa antipornô. Aqueles que se ofendem quando propõe-se proibir uma caricatura religiosa, "não estamos mais na Idade Média, é o fim", não possuem ideias tão claras quando se trata de clitóris e de bolas. Paradoxos surpreendentes do pornô.

As afirmações circulam, tão peremptórias quanto inverificáveis. Desordenadamente, o pornô é considerado responsável pelos estupros coletivos, pela violência entre os sexos, pelos estupros em Ruanda e na Bósnia. Ele é inclusive comparado às câmaras de gás dos nazistas... Disso tudo, uma única coisa surge com clareza: filmar o sexo não é inofensivo. Os artigos e obras consagrados ao gênero são numerosos. Os estudos realmente sérios existem em menor número, raramente nos damos ao trabalho de pesquisar sobre a reação dos homens que consomem filmes pornô. Preferimos imaginar o que é que eles têm na cabeça do que perguntar diretamente.

Em *Watching sex, how men really respond to pornography* [Assistindo ao sexo, como os homens realmente reagem à pornografia], David Loftus entrevistou cem pessoas do sexo masculino, de perfis diferentes, sobre suas reações frente ao pornô. Todos contam ter descoberto o pornô antes da idade mínima legalmente estabelecida. Nessa fatia de população pesquisada, nenhum dos homens declarou ter ficado envergonhado com isso. Pelo contrário, a descoberta do material pornográfico se associa a uma lembrança agradável, constitutiva da masculinidade de diversas maneiras, seja de um jeito lúdico ou excitante. Como exceção, dois homens, ambos homossexuais, contam que para eles foi difícil porque, confusamente, sabiam se sentir atraídos por homens, mas ainda não tinham resolvido a questão com clareza. A visão do material pornográfico, nos dois casos, obrigou-os a identificar claramente seus verdadeiros objetos de desejo.

Essa experiência é, para mim, uma pista interessante para entender a violência da rejeição, muitas vezes fanática, no limite do pânico, da qual o pornô se torna um objeto. A censura e a proibição são exigidas aos gritos por militantes enlouquecidos, como se a vida deles dependesse disso. Essa atitude é objetivamente surpreendente: será que um close-up dos grandes lábios ameaça a segurança do Estado? Os sites antipornô são mais numerosos e veementes do que os sites contra a Guerra do Iraque, por exemplo. Um vigor assombroso contra algo que não deixa de ser um simples gênero cinematográfico. O primeiro problema do pornô é que ele acerta em cheio o ponto cego da razão. Ele se endereça diretamente ao centro das fantasias sexuais sem passar pela palavra, sem reflexão. Primeiro a gente fica molhada ou tem uma ereção, depois pode se perguntar o porquê. Os reflexos de autocensura são desestabilizados. A imagem pornográfica não nos deixa escolha: é isto que te excita, é isto que te faz reagir. Ela sabe onde apertar para que funcionemos. Essa é sua força maior, sua dimensão quase mística. E é lá que se atiçam e urram muitos dos manifestantes antipornôs. Eles se recusam a falar diretamente de seu próprio desejo, se recusam a que lhes seja imposto descobrir coisas sobre si mesmos que preferiram calar ou ignorar.

O pornô coloca um problema real: ele atiça o desejo e lhe propõe um alívio rápido para que haja uma sublimação. Desse modo, possui uma função: relaxa a tensão dentro da nossa cultura entre o delírio sexual abusivo (na cidade, os signos que apelam ao sexo literalmente invadem o cérebro) e a rejeição exagerada da realidade sexual (não vivemos todos dentro de uma grande orgia perpétua, as coisas permitidas ou possíveis são relativamente poucas). O pornô interfere aqui como alívio psíquico para equilibrar a diferença de pressão. Mas o que é excitante em geral é vergonhoso frente à sociedade. Raros são aqueles e aquelas entre nós que querem assumir em público o que os faz subir pelas paredes em sua privacidade. Não temos vontade de falar disso nem mesmo com nossos parceiros sexuais. O que me faz ficar molhada é do domínio do privado. Porque a imagem que se constrói de mim a partir disso é incompatível com minha identidade social cotidiana.

¤

Nossas fantasias sexuais falam de nós da mesma maneira deslocada que os sonhos. Elas não falam nada sobre o que gostaríamos que acontecesse *de fato*.

É evidente que muitos homens heterossexuais se excitam com a ideia de serem comidos por outros homens, ou de serem humilhados, sodomizados por uma mulher, do mesmo jeito que é evidente que muitas mulheres ficam molhadas com a ideia de serem estupradas, participarem de um *gang bang*, ou de serem fodidas por outras garotas. O pornô também pode nos constranger justamente porque pode revelar que não nos excitamos enquanto sonhamos ser gostosonas insaciáveis. O que nos excita ou não vem de zonas incontroláveis, obscuras; que raramente estão em sintonia com aquilo que desejamos conscientemente. Aqui reside tanto o interesse desse gênero cinematográfico, se gostamos de perder o controle e a consciência, quanto todo o seu perigo, se tememos justamente não controlar tudo.

¤

Com muita frequência, exigimos que o pornô seja a imagem do real. Como se não se tratasse mais de cinema. Quando, por exemplo, criticamos as atrizes por simular prazer. Elas estão lá pra isso, elas foram pagas pra isso, elas aprenderam a fazer isso. Não exigimos que Britney Spears tenha vontade de dançar cada vez que se apresenta no palco. Ela veio pra isso, nós pagamos para ver, cada um fez seu trabalho e ninguém sai reclamando "acho que ela estava fingindo". O pornô deveria dizer a verdade, uma coisa que não exigimos nunca do cinema, técnica de ilusão por essência.

Pedimos ao pornô exatamente aquilo que nos amedronta: dizer a verdade sobre nossos desejos. Eu mesma não sei dizer o porquê de ser tão excitante ver outras pessoas treparem e dizerem putaria. Mas funciona. É mecânico. O pornô revela esse nosso aspecto cruamente: o desejo sexual é uma mecânica nada complicada de se colocar em marcha. No entanto, minha libido é complexa, o que ela conta sobre mim não me agrada necessariamente e nem sempre combina com o que eu gostaria de ser. Mas posso preferir saber do que se trata, ao invés de virar a cara e dizer o contrário do que sei sobre mim mesma para preservar uma imagem social que me dê segurança.

¤

Os detratores do gênero reclamam da pobreza do pornô, fingem que existe apenas um tipo de pornô. Eles adoram fazer circular a ideia de que o setor não é inventivo. O que é falso. O setor é dividido em subgêneros distintos: os filmes em 35 mm dos anos 1970 são diferentes dos filmes amadores em vídeo, que são diferentes das vinhetas para celulares, das *webcams* e das diversas cenas performatizadas em tempo real na internet. *Porno-chic*, *alt-porn*, *post-porn*, *gang bang*, *gonzo*, sadomasoquismo (S&M), fetichismo, *bondage*, *scat porn*, filmes temáticos — mulheres maduras, com peitões, com pés bonitos, bundas bonitas, filmes com transgêneros, filmes gays, filmes lésbicos: cada gênero do pornô possui suas especificidades, sua história, sua estética. Da mesma forma, o cinema pornô alemão não possui as mesmas obsessões que o produzido no Japão, na Itália ou nos Estados Unidos. Cada parte do mundo possui suas especificidades pornográficas.

O que de fato determina a história do pornô, o que a inventa e a define, é a censura. Aquilo que proibimos é o que vai marcar cada filme pornô, obrigando-o a fazer um exercício interessante para contornar os limites impostos.

Com todas as aberrações e os efeitos colaterais mais ou menos alienantes que isso pressupõe: na França, os canais de TV pagos definem o que pode ou não ser mostrado. Sem cenas de violência, sem cenas de submissão, por exemplo. Fazer pornô sem passar por certas obrigatoriedades do gênero é como patinar no gelo sem lâminas. Boa sorte... O uso de objetos também é proibido aqui: dildos, cintas penianas. São proibidas cenas de pornô lésbico ou cenas em que homens são penetrados... Com a desculpa de proteger a dignidade das mulheres.

No caso das mulheres, não fica claro em que parte sua dignidade poderia ser especialmente atingida pelo uso de uma cinta peniana. Sabemos que elas possuem recursos suficientes para compreender que uma cena S&M não indica necessariamente que elas desejariam ser chicoteadas ao chegar ao escritório ou amordaçadas enquanto lavam a louça. Ao mesmo tempo, basta ligar a TV aberta para ver mulheres em posições humilhantes.

As proibições são o que são e possuem uma justificativa política (o S&M deve continuar sendo um esporte elitista, o povo é incapaz de compreender sua complexidade, ele pode se machucar). Elas não impedem que a "dignidade" da mulher continue sendo bastante útil toda vez que se trate de limitar a expressão sexual...

As condições de trabalho das atrizes, os contratos aberrantes que elas assinam, a impossibilidade de controlar o uso de sua própria imagem quando abandonam a profissão, ou de serem remuneradas quando sua imagem é utilizada, essa dimensão da dignidade feminina não interessa aos censores. O fato de não existir nenhum centro de apoio especializado em que elas possam encontrar informações diversificadas sobre as particularidades de sua profissão não interessa aos poderes públicos. Há uma dignidade que os preocupa, e uma outra que não interessa a ninguém. Mas o pornô é feito com carne humana, a carne da atriz. E, no final, ele só suscita um único problema moral: a agressividade com que são tratadas as atrizes pornôs.

Falamos aqui de mulheres que decidem exercer essa profissão quando têm entre dezoito e vinte anos. Quer dizer, um período bem específico em que a expressão "consequências a longo prazo" faz menos sentido do que grego clássico. Homens maduros não demonstram a mínima vergonha em seduzir meninas que acabaram de sair da infância, consideram normal se masturbar enquanto olham bucetinhas impúberes. É um problema deles, de adultos, e deveriam assumir as consequências. Por exemplo, sendo particularmente atentos e solícitos em relação às garotas, sempre muito jovens, que aceitam satisfazer seu apetite. E, portanto, muito pelo contrário: eles ficam furiosos que elas tenham tido a liberdade de fazer exatamente o que eles quiseram assistir. Toda a elegância e a coerência masculinas, resumidas em uma atitude: "Me dê o que eu quero, te suplico, para que depois eu possa te cuspir na cara".

A garota que trabalha em filmes pornô, no entanto, sabe disso logo que começa na profissão, o mesmo mantra lhe é repetido, que ela não se iluda: não existe reconversão possível. Decididamente, gostamos das mulheres quando elas se encontram em perigo. Para sempre marcadas, o coletivo zela pela obrigação de pagar um preço pesado por terem saído do bom caminho, e por tê-lo feito publicamente.

Vi isso de perto, codirigindo *Baise-moi* com Coralie Trinh Thi. Que a sua plástica deixasse os homenzinhos suspirando, que ela lhes despertasse uma lembrança emocionante, por que não? Mas a força com a qual eles lhe recusavam, na sequência, o direito de ser capaz de fazer outra coisa causava desconforto. Se ela era a codiretora do filme, isso só poderia ser um capricho meu. Não importa o argumento, a questão é que o caso era decidido e encerrado em menos de trinta segundos: ilegitimidade. Impossível ter sido uma criatura sulfurosa e depois demonstrar invenção, inteligência e criatividade. Os homens não desejavam ver o objeto de suas fantasias sexuais sair da moldura específica a que eles o haviam confinado, e as mulheres se sentiam ameaçadas por sua simples presença, inquietas com o efeito que seu status pudesse provocar nos homens. Uns e outras concordavam numa coisa: era necessário sequestrar as palavras de sua boca, impedir seu discurso, proibir sua fala. Até nas entrevistas, nas quais suas respostas eram impressas mas sempre atribuídas a mim. Não me concentro aqui sobre alguns casos isolados, mas abordo reações quase sistemáticas. Era necessário que Coralie desaparecesse do espaço público. Para proteger a libido dos homens, que adoram que seu objeto de desejo continue em seu lugar de origem, quer dizer, desencarnado, e, sobretudo, mudo.

Do mesmo modo que é crucial para os políticos aprisionar a representação visual do sexo em guetos delimitados, claramente separada do resto da indústria, com o objetivo de restringir o pornô a um lumpemproletariado do espetáculo, também parece crucial aprisionar as atrizes do pornô dentro da reprovação, da vergonha e da estigmatização. Não é que elas não sejam capazes de fazer outra coisa, ou mesmo que desejem fazê-lo, mas é que é necessário se organizar para garantir que elas não consigam fazê-lo.

As garotas que cobram pelo sexo, que lucram com ele e continuam autônomas e com uma vantagem concreta a partir de sua posição de fêmeas, estas devem ser punidas publicamente. Elas transgrediram, não aceitaram o papel de boa mãe nem de boa esposa, menos ainda o de mulher respeitável — não existe maneira mais radical de se expor do que fazer um filme pornô —, elas devem, então, ser socialmente excluídas.

É a luta de classes. Os dirigentes se pronunciam em relação àquelas que quiseram sair, tomar de assalto o elevador social e forçá-lo a funcionar. A mensagem é política, de uma classe à outra. A mulher não deve ter outra possibilidade de ascensão social além do casamento, é preciso que ela não se esqueça disso. O equivalente do pornô para os homens é o boxe. É necessário que eles provem sua agressividade e que corram o risco de demolir seus corpos para divertir um bocado de ricos. Mas os pugilistas, inclusive os negros, são homens. Eles têm acesso a essa minúscula margem de mobilidade social. As mulheres, nunca.

Quando o ex-presidente francês, Valéry Giscard d'Estaing, proibiu o pornô no cinema nos anos 1970, não o fez graças a um pedido coletivo popular — as pessoas não saíram pela cidade gritando "não aguentamos mais" —, nem em resposta a um aumento de problemas sexuais. Ele o proibiu porque os filmes pornôs fizeram um sucesso estrondoso: o povo (homens e mulheres) tomou de assalto as salas de cinema e descobriu a noção de prazer. O presidente protege o povo francês de sua vontade de ir ao cinema ver bons filmes de sexo. A partir de então, o gênero pornô será objeto de uma censura econômica assassina. Não será mais possível realizar filmes ambiciosos, filmar o sexo como filmamos a guerra, o amor romântico ou os gângsteres. As fronteiras do gueto são desenhadas sem nenhuma explicação política. A moral protegida é aquela que pretende que só os dirigentes experimentem uma sexualidade lúdica. O povo deve ficar bem tranquilo, muita luxúria sem dúvida atrapalharia sua dedicação ao trabalho.

Não foi a pornografia que mexeu com as elites, foi a sua democratização. Quando em 2000 o jornal *Le Nouvel Observateur* estampou o título "Pornografia, o direito de dizer não", em relação à proibição de *Baise-moi*, não se tratou de impedir o acesso dos literatos aos escritos de Sade nem de fechar as colunas dos jornais dedicadas a pequenos anúncios de leitores generosos e libertinos, e ninguém estranharia ao encontrar esses virulentos sujeitos antipornôs na companhia de jovens putas ou em clubes de *swing*. O *Nouvel Obs* reclamou o direito de dizer "não" contra o livre acesso àquilo que deveria continuar, na verdade, sob o domínio dos privilegiados. A pornografia é o sexo colocado em cena, cerimonial. Porque, num golpe de mágica conceitual que continua nos sendo opaco, o que é bom para alguns, leia-se "libertinagem", traria um perigo iminente para as massas, que dele deveriam ser protegidas.

A gente se perde rapidamente dentro do discurso antipornográfico: quem são, na verdade, as vítimas? As mulheres, que perdem toda a sua dignidade a partir do momento em que fazem uma chupeta? Ou os homens, muito fracos e inaptos tanto a controlar seu desejo de ver sexo quanto de entender que aquilo se trata apenas de uma representação?

A ideia de que a pornografia só gira em torno do falo é surpreendente. São os corpos de mulheres que vemos. E, sobretudo, corpos sublimados de mulheres. O que existe de mais desconcertante do que uma atriz pornô? Não estamos mais no domínio da "coelhinha", das meninas que moram ao lado, que não provocam medo, de fácil acesso. A atriz pornô é a liberada, a mulher fatal, aquela que atrai todos os olhares e que provoca uma inquietude, seja de desejo ou rejeição. Então por que elas reclamam tanto, essas mulheres que possuem todos os atributos de uma bomba sexual?

Tabatha Cash, Coralie Trinh Thi, Karen Lancaume, Raffaëla Anderson, Nina Roberts: o que me chamou a atenção, caminhando ao lado delas, não foi que os homens as tenham tratado como merda, nem que eles tenham dominado a situação. Ao contrário, nunca vi homens tão impressionados. Se, como costumam afirmar de maneira tão barulhenta, nada é mais bonito para uma mulher do que fazer os homens sonharem, por que insistir no chororô com as atrizes pornôs? Por que o corpo social se assanha tanto ao transformá-las em vítimas, se elas têm tudo para serem as mulheres mais realizadas em matéria de sedução? Que tabu é transgredido aqui para que valha essa mobilização fervorosa?

A resposta, depois de ter assistido a algumas centenas de filmes pornográficos, me parece simples: nos filmes, a atriz pornô possui uma sexualidade masculina. Para ser mais precisa: ela se comporta exatamente como um homossexual nas salas escuras de baladas gays. Da maneira como é colocado nos filmes, ela quer sexo, não importa com quem, ela o quer em todos os buracos do corpo e goza todas as vezes. Como um homem, se ele tivesse um corpo de mulher.

Se assistirmos a um filme pornô heterossexual, é sempre o corpo feminino que é valorizado, mostrado, aquele com o qual contamos para produzir o efeito desejado. Não exigimos do ator pornô a mesma performance, exigimos que ele tenha uma ereção, que se agite, que mostre o esperma. O trabalho é feito pela mulher. O espectador do filme pornô se identifica sobretudo com ela, mais do que com o protagonista masculino. Como quando nos identificamos espontaneamente com quem é colocado em destaque em qualquer filme. O pornô é também uma maneira que os homens têm de imaginar o que fariam se fossem mulheres, como se esforçariam para satisfazer outros homens, para serem boas putas, criaturas engolidoras de paus. Evoca-se constantemente a frustração da realidade comparada à cena pornográfica, essa realidade em que os homens devem transar com mulheres que efetivamente nunca se parecem com eles, ou, pelo menos, quase nunca. Sobre isso, é importante destacar que as mulheres "reais", que acumulam signos de feminilidade, essas que repetem doze vezes numa conversa que se sentem "muito femininas" e que participam de uma sexualidade compatível com a sexualidade dos homens, essas são frequentemente as mais viris. Se desejam entrar na heterossexualidade, os homens devem passar pela frustração dessa realidade, pelo luto da ideia de transar com homens dotados de atributos físicos de mulheres.

¤

O pornô, frequentemente acusado de deixar as pessoas desconfortáveis em relação ao sexo, é, na verdade, um ansiolítico. Por isso é atacado com tanta virulência. É importante que a sexualidade provoque medo. No filme pornô, sabemos que as pessoas vão fazer "aquilo", não ficamos inquietos com essa possibilidade, ao contrário de como nos comportamos na vida real. Transar com um(a) desconhecido(a) sempre causa um pouco de medo, a menos que estejamos violentamente bêbados. É isso, na verdade, que desperta todo o interesse sobre a coisa. No pornô, a gente sabe que os homens têm ereções e que as mulheres gozam. Não podemos viver numa sociedade espetacular invadida pelas representações da sedução, do flerte, do sexo, e não deduzir que o pornô é um lugar de segurança. Não estamos dentro da ação durante o filme, podemos assistir aos outros fazendo, sabendo fazê-lo, com toda a tranquilidade. Nos filmes, as mulheres ficam contentes com os serviços oferecidos, os homens têm superereções e ejaculam, todo mundo fala a mesma língua, e, pelo menos dessa vez, tudo corre bem.

¤

Por que o pornô é uma prerrogativa dos homens? Por que, numa indústria como a do pornô, de mais de trinta anos de idade, são os homens os principais beneficiários econômicos? A resposta é a mesma em todos os domínios: o poder e o dinheiro não são valorizados pelas mulheres. Eles não devem ser obtidos nem exercidos sem a cooptação masculina: seja escolhida como cônjuge e você aproveitará as vantagens do seu parceiro.

Somente os homens imaginam o pornô, colocam-no em cena, observam-no, lucram com ele, e o desejo feminino é submetido à mesma distorção: ele deve passar pelo olhar masculino. Nós nos familiarizamos lentamente com a ideia do gozo feminino. Até recentemente um tabu impensável, o orgasmo feminino começa a aparecer na linguagem cotidiana a partir dos anos 1970. Rapidamente, ele é utilizado contra as mulheres de duas maneiras. Primeiro, fazendo-nos entender que falhamos se não conseguimos gozar. A frigidez se torna praticamente um signo de impotência. A anorgasmia feminina não é, no entanto, comparável à impotência masculina: uma mulher frígida não é uma mulher estéril. Nem uma mulher despida de sensualidade. Mas, ao invés de ser uma possibilidade, o orgasmo se transformou em um imperativo. É sempre necessário que nós nos sintamos incapazes de alguma coisa... De novo, porque os homens se apropriaram desse orgasmo feminino: eles são aqueles para quem a mulher deve gozar. A masturbação feminina continua sendo menosprezada, anexa. O orgasmo que devemos esperar é aquele esbanjado pelo macho. O homem deve "saber se comportar". Como em *A bela adormecida*, ele se debruça sobre a bela e a faz subir pelas paredes.

As mulheres escutam a mensagem, e, como sempre, tentam de todo jeito não ofender o sexo suscetível. É assim que, em 2006, ouvimos três jovens garotas contar que elas *esperam* que um homem as faça gozar. Dessa forma, todo mundo fica desconfortável: os rapazes, que se perguntam como devem fazê-lo, e as meninas, frustradas pelo fato de eles não conhecerem melhor do que elas mesmas sua própria anatomia e suas fantasias sexuais.

Sobre a masturbação feminina, basta perguntar à nossa volta: "isso não me interessa sozinha", "eu só faço quando estou sem um cara durante muito tempo", "prefiro que façam por mim", "eu não faço, eu não gosto disso". Não sei o que todas as mulheres fazem em seu tempo livre, mas, em todo caso, se elas não se masturbam, compreendemos bem que elas não correm o risco de se sentirem afetadas por filmes pornôs, que não possuem outra vocação. Um filme de sexo é feito para se masturbar.

Sei muito bem que o que as garotas fazem com seu clitóris não é da minha conta, mas essa indiferença à masturbação me deixa inquieta: em que momento as mulheres se conectam com suas próprias fantasias sexuais se elas não se tocam quando estão sozinhas? O que elas sabem daquilo que realmente as excita? E se não sabemos nem isso sobre nós mesmas, o que é que verdadeiramente conhecemos sobre nós? Que contato podemos estabelecer conosco quando nosso próprio sexo é sistematicamente anexado por outro?

Queremos ser mulheres adequadas. Se a fantasia aparece como um problema, impuro ou desprezível, nós a escondemos. Menininhas-modelo, anjos do lar e boas mães, construídas para o bem-estar dos outros, não para investigar nossas próprias profundezas. Somos formatadas para evitar o contato com nossas selvagerias. De início concordar, de início priorizar a satisfação alheia. Dane-se tudo que é calado em nós. Nossa sexualidade nos coloca em perigo, e reconhecê-la talvez signifique experimentá-la, e toda experiência sexual para uma mulher conduz à sua exclusão do grupo.

¤

O desejo feminino permaneceu no silêncio até os anos 1950. A primeira vez que as mulheres se reuniram em massa e declararam: "somos desejantes, atravessadas por paixões brutais, inexplicáveis, nossos clitóris são como pintos, eles pedem alívio" foi durante os primeiros shows de rock. Os Beatles devem parar de se apresentar: as mulheres do local rugem com cada nota que eles tocam, as vozes delas cobrem o som da música. Mais uma vez: desprezo. Histeria da *groupie*. Não queremos escutar o que vieram dizer, que estão fervendo de desejo. Esse fenômeno maior é ocultado. Os homens não querem ouvir. O desejo é o domínio exclusivo deles. É extraordinário imaginar que se despreze uma menina jovem que urra de desejo quando John Lennon toca sua guitarra enquanto achamos engraçado um velhote que assobie para uma adolescente de saia. Há, de um lado, um desejo que indica boa saúde, que possui a bênção do coletivo, que é exaltado, pelo qual demonstramos benevolência e compreensão. E, de outro, um apetite obrigatoriamente grotesco, monstruoso, risível, a ser reprimido.

A explicação psicológica popular aplicada às mulheres ninfomaníacas é um exemplo notório de degradação — espera-se que elas multipliquem as possibilidades de encontros sexuais pelo fato de supostamente não encontrarem satisfação sexual em nenhum deles. Propagamos assim a ideia de que multiplicar conquistas é forçosamente um indício de frustração feminina. Sendo que, na verdade, essa é uma teoria que convém melhor aos homens, frustrados pela pobreza de sua própria sensualidade e de seu gozo. São os homens que supervalorizam e sublimam o corpo feminino e que, incapazes de obter o prazer esperado, acumulam conquistas na esperança de experimentar, um dia, qualquer coisa que pareça um orgasmo de verdade. Mais uma vez, o que é fundamentalmente verdadeiro para o homem é deslocado para estigmatizar a sexualidade feminina.

¤

Quando Paris Hilton ultrapassa o limite permitido, fica de quatro e aproveita que a imagem circule para tornar-se mundialmente conhecida, compreendemos uma coisa importante: ela pertence a sua classe social antes de pertencer a seu sexo. Assim, nos estúdios do popular programa de TV, *Nulle Part Ailleurs*, cara a cara com o comediante Jamel Debbouze, se desenrola uma cena interessante. O jovem comediante tenta a todo tempo reenquadrá-la, colocá-la de volta a seu lugar de mulher decadente: "Você, eu te conheço, eu te vi, eu te vi na internet". Ele fala em nome do seu sexo, ele se apoia em sua superioridade intrínseca para colocá-la numa situação delicada. Mas Paris Hilton não é uma atriz pornô local; antes de ser a mulher cuja buceta nós vimos, ela é a herdeira dos hotéis Hilton. Então é impensável para ela que um homem de uma categoria social inferior a coloque em perigo, mesmo que seja durante um quarto de segundo. Ela nem mexe as sobrancelhas, parece que nem percebe a provocação. Desestabilização zero. Ela não demonstra uma personalidade especial. Ela faz com que todos nós saibamos que ela pode se permitir trepar na frente de todo mundo. Ela faz parte dessa casta que tem um direito histórico ao escândalo, à não conformidade com as regras aplicáveis ao povo. Antes de ser uma mulher, submetida ao olhar de um homem, ela é uma dominadora social que obscurece o julgamento que os menos ricos fazem dela.

Entendemos então que a única maneira de explodir o ritual de sacrifício do pornô será levar as filhas de boa família para ele. Aquilo que explode, quando se explodem as censuras impostas pelos dirigentes, é a ordem moral fundada na exploração de todos. A família, a virilidade guerreira, o pudor, todos esses valores tradicionais são concebidos para designar um papel a cada um. Os homens, em cadáveres gratuitos para o Estado, as mulheres, em escravas dos homens. No final, todos muito bem servidos, nossas sexualidades confiscadas, policiadas, normatizadas. Há sempre uma classe social interessada em que as coisas permaneçam como estão, e que a verdade sobre suas motivações mais profundas não seja dita.

Com efeito, o homem representa hoje o positivo e o neutro, isto é, o masculino e o ser humano, ao passo que a mulher é unicamente o negativo, a fêmea. Cada vez que ela se conduz como ser humano, declara-se que ela se identifica com o macho. Suas atividades esportivas são interpretadas como um "protesto viril"; recusam-se a levar em consideração os valores para os quais ela transcende, o que conduz evidentemente a considerar que ela faz a escolha inautêntica de uma atitude subjetiva. O grande mal-entendido em que assenta esse sistema de interpretação está em que se admite que é *natural* para o ser humano feminino fazer de si uma mulher *feminina*: não basta ser uma heterossexual nem mesmo uma mãe, para realizar esse ideal; a "verdadeira mulher" é um produto artificial que a civilização fabrica, como outrora eram fabricados castrados; seus pretensos "instintos" de coquetismo, de docilidade são-lhe insuflados, como ao homem o orgulho fálico. Ele nem sempre aceita sua vocação viril; ela tem boas razões para aceitar menos docemente ainda a que lhe é designada.

— SIMONE DE BEAUVOIR
O segundo sexo

KING KONG GIRL

A versão de *King Kong* dirigida por Peter Jackson em 2005 tem início no começo do século passado. Ao mesmo tempo em que construímos a América industrial, moderna, dizemos adeus às velhas formas de entretenimento, ao teatro burlesco, à trupe solidária, e nos preparamos para as formas de diversão e de controle modernas: o cinema e o pornô.

Um diretor de cinema megalomaníaco e mentiroso, um homem de cinema, embarca uma loira em um barco. Ela é a única mulher a bordo. A ilha que lhes interessa se chama *Skull Island*. Ela não existe nos mapas, porque ninguém nunca voltou de lá. Povos primitivos, criaturas fetais, meninas com cabelos negros emaranhados, velhas mulheres ameaçadoras, desdentadas, urram sob uma tempestade diluviana.

Os habitantes da ilha sequestram a mulher loira para fazer uma oferenda a King Kong. Eles a amarram, uma velha lhe coloca uma coleira antes de deixá-la à mercê do grande macaco. Os humanos que a precederam, atados com a mesma coleira, foram devorados como se fossem aperitivos. Esse King Kong não possui nem pênis, nem saco, nem seios. Nenhuma cena nos permite lhe atribuir um gênero. Ele não é macho nem fêmea. Ele é apenas peludo e preto. Herbívora e contemplativa, essa criatura é dotada de senso de humor e de demonstração de poder. Entre Kong e a loira não há nenhuma cena de sedução erótica. A bela e a besta se acostumam um ao outro e se protegem, e são ternamente sensuais, reciprocamente. Mas não de maneira sexual.

A ilha é povoada por criaturas que não são nem machos nem fêmeas: lagartas monstruosas, com tentáculos viscosos e penetrantes, mas molhados e rosados como bucetas femininas, larvas com cabeças em forma de pênis que se abrem e se transformam em vaginas com dentes que mordem as cabeças dos membros da tripulação... Outras fazem referência a uma iconografia mais caracterizada em termos de gênero, relevantes do ponto de vista da sexualidade polimorfa: aranhas aveludadas e brontossauros cinzas idênticos, comparáveis a uma horda de espermatozoides entorpecidos.

King Kong, aqui, funciona como a metáfora de uma sexualidade que precede a distinção de gêneros tal como politicamente imposta no final do século XIX. King Kong encontra-se além da fêmea e além do macho. Esse ser está na encruzilhada entre o homem e o animal, o adulto e a criança, o bom e o mau, o primitivo e o civilizado, o branco e o preto. Híbrido, diante da obrigatoriedade do binário. A ilha do filme é a possibilidade de uma forma de sexualidade polimorfa e superpoderosa. Aquilo que o cinema deseja capturar, exibir, desnaturalizar e depois exterminar.

Quando o homem chega para buscá-la, a mulher hesita em segui-lo. Ele quer salvá-la, levá-la para a cidade, para a heterossexualidade hiperregulamentada. A bela sabe que está segura ao lado de King Kong. Mas sabe também que será necessário abandonar aquela enorme e reconfortante palma de mão para entrar no mundo dos homens e se virar sozinha. Ela decide seguir aquele que vem buscá-la — que vem tirá-la de sua segurança e levá-la para a cidade, onde será novamente ameaçada por todos os lados. Em câmera lenta, um grande close nos olhos da loira, quando ela finalmente entende que foi usada. Ela serviu apenas para capturar o animal. A animal. Apenas para trair sua aliada, sua protetora. Com quem ela tinha afinidade. Sua escolha pela heterossexualidade e pela vida na cidade é a escolha do sacrifício daquilo que nela é cheio de pelos, potente, daquilo que nela ri enquanto bate no peito. Aquilo que reina sobre a ilha. Alguma coisa tinha que ser oferecida em sacrifício.

Na sequência, King Kong é acorrentada, exibida em Nova York. É preciso que ela aterrorize multidões, mas que as correntes que a prendam sejam sólidas, que as massas possam ser domesticadas em contrapartida, como na pornografia. Desejamos tocar a bestialidade de perto, tremer, mas não desejamos seus danos colaterais. Mas haverá danos porque, como no espetáculo, a fera escapa do domador. Não é a reabilitação do sexo ou da violência que causam problemas hoje em dia, mas, ao contrário, é a impossibilidade de recuperar noções das quais nos servimos durante o espetáculo: a violência e o sexo não são domesticáveis pela representação.

Na cidade, King Kong esmaga tudo por onde passa. A civilização que víamos se construir no começo do filme se destrói em muito pouco tempo. Essa força com a qual não quisemos nem fazer contato, nem respeitar, nem deixar onde estava é grande demais para a cidade que ela pulveriza ao caminhar. Com grande tranquilidade. A fera procura sua loira. Para uma cena que não é erótica, e sim ligada à infância: eu pego sua mão e nós patinaremos juntas, como numa valsa. E você vai rir como uma criança num carrossel encantado. Não há sedução erótica, aqui. Mas uma relação sensual evidente, lúdica, em que a força não se impõe pela dominação. King Kong, ou o caos antes da separação dos gêneros.

Depois os homens uniformizados, a política e o Estado intervêm para matar a fera. Subir no alto dos prédios, lutar com aviões que são como mosquitos. É a quantidade deles que consegue abater a fera. E deixar a loira sozinha, pronta para se casar com o herói.

O diretor, olhos esbugalhados diante do corpo do animal, fotografado como um troféu. "Os aviões não fizeram nada. Foi a bela que matou a fera."

Palavra de diretor: mentira. A bela não escolheu matar a fera. A bela se recusou a participar do espetáculo, ela foi ao encontro da fera assim que soube que ela havia se libertado, ela se divertiu em sua mão quando foi preciso deslizar sobre as águas congeladas do parque, seguiu a fera até os cumes onde esta foi, enfim, massacrada. Depois, então, a bela seguiu seu belo. A bela não pode impedir os homens nem de capturar a fera nem de matá-la. Ela se coloca sob a proteção do mais desejante, do mais forte, do mais adaptado. Ela foi privada de sua potência fundamental. É o nosso mundo moderno.

¤

Quando chego a Paris: em 1993, da feminilidade só tenho alguns acessórios, que possuem uma função profissional. A partir do momento em que renuncio aos clientes, volto ao meu blusão, jeans, sapatos baixos e muito pouca maquiagem. O punk rock é um exercício de explosão de códigos estabelecidos, especialmente no que se refere aos gêneros. Não é apenas porque a gente se distancia, fisicamente, dos critérios da beleza clássica. Quando fui internada, aos quinze anos, o psiquiatra me perguntou por que eu me desfigurei daquele jeito. Eu o achei um merda por me perguntar isso, visto que eu, com meu cabelo vermelho espetado, meu batom preto, minhas meias-calças de renda branca e meus enormes coturnos, me achava chique pra caralho. Ele insiste: será que tenho medo de ser feia? Ele afirma que, apesar disso, tenho belos olhos. Não chego nem mesmo a compreender o que ele está falando. Será que ele se acha sexy, ele, com seu terno podre e seus quatro fios de cabelo na careca? Ser punk significa forçosamente reinventar a feminilidade, porque quer dizer viver fora de casa, brigar, vomitar cerveja, cheirar cola até chapar, ser presa, pogar, beber todas, aprender a tocar guitarra, raspar a cabeça, voltar pra casa destruída todas as noites, pular o tempo todo nos shows, urrar hinos ultramasculinos no carro com as janelas abertas, gostar de futebol, participar de manifestações usando um capuz e procurando briga... E todo mundo te deixa em paz. Existirão até caras que acharão isso formidável, serão bons amigos e não tentarão mudar você. Tem tudo a ver com o punk, nunca fazer o que te mandam. Com a polícia é a mesma coisa que com o psiquiatra, prisão preventiva, um inspetor simpático, sou mais bonita do que penso, por que levo esse tipo de vida? Frequentemente farão isso comigo. E no entanto não reclamo de nada disso a ninguém. Ser bonita: de que isso me serviria, visto que não me sinto feita para isso e que minhas estratégias para compensar esse truque funcionam além de todas as minhas expectativas? Eu era amigável com os rapazes, eles retribuíam gentilmente de modo geral. Em Lyon, corto o cabelo supercurto, me chamam de "senhor" nas padarias ou quando vou comprar cigarro, não dou a mínima. As críticas são raras — "pare de fumar como se fosse um cara" —, na maior parte do tempo, cultura underground, privilegiada, à margem, todos me deixam em paz. Eles devem notar que esse estilo de vida combina comigo. Isso é o punk rock, isso é a minha casa. Mas isso não dura muito.

¤

Em 1993, publico *Baise-moi*. Primeira crítica, na *Polar*. Uma revista de tiozinhos. Três páginas. Que deveriam me pôr em meu lugar. Não é o fato de o livro não ser bom segundo seus critérios o que incomoda o tiozinho. Sobre o livro, aliás, ele não fala nada. O problema vem do fato de eu ser uma garota que coloca em cena garotas daquele jeito. E, sem se questionar — porque, sendo um homem, ele deve achar que evidentemente possui o direito de me mostrar o que é permitido segundo as boas maneiras tais quais as definiu —, ele vem me dizer, esse desconhecido, e me dizer publicamente: eu não deveria ter feito isso. Foda-se o livro. É o meu sexo que conta. Foda-se o que eu sou, de onde venho, o que me convém, quem vai me ler, a cultura punk rock. Vovô intervém, tesoura na mão, e vai me corrigir, dar um jeito no meu pinto mental, um jeito nessas garotas como eu. E vai citar Renoir: "os filmes deveriam ser feitos por belas mulheres mostrando belas coisas". Isso me dará, pelo menos, uma ideia de título.[5] Quando sai a crítica, acho engraçado, pelo grotesco da coisa. Mas, na sequência, mudo de tom quando percebo que estão caindo em cima de mim de todos os lados, preocupando-se apenas com uma coisa: é uma menina, uma menina, uma menina. Possuo uma buceta no meio da cara. Ainda não tinha me confrontado muito diretamente com o mundo dos adultos, muito menos com o dos adultos normais, isso me surpreendeu por um momento, como são numerosos os que sabem distinguir o que deve ser feito e o que não deve ser feito quando uma garota está na cidade.

5. Em 1998, Virginie Despentes publica o livro de ficção *Les jolies choses* [As belas coisas] pela editora Grasset. [N.T.]

Quando você se transforma em uma garota pública, eles caem de pau em cima de tudo quanto é lugar, e de um jeito especial. Mas não se deve reclamar, isso é malvisto. É necessário ter senso de humor, manter uma certa distância e ter as bolas bem costuradas no saco para conseguir segurar o golpe. Essas discussões todas apenas para saber se eu tinha o direito de dizer o que eu dizia. Uma mulher. Meu sexo. Meu físico. Em todos os artigos, em geral, de maneira gentil. Não, não se descreve um autor homem como se faz com uma mulher. Ninguém sentiu, por exemplo, necessidade de escrever que Houellebecq era bonito. Se ele fosse mulher, e se vários homens tivessem amado seus livros, teriam escrito que ele era bonito. Ou não. Mas saberíamos suas impressões sobre a questão. E eles teriam procurado, em nove a cada dez artigos, encontrar suas motivações e explicar, em detalhes, o que fazia com que esse autor fosse tão sexualmente infeliz. Teriam lhe explicado que a culpa era dele, que ele não se comportava corretamente, que ele não deveria reclamar do que quer que fosse. De passagem, teriam feito piada com ele: mas você já se viu no espelho? Teriam sido extraordinariamente violentos com ele, se, na posição de uma mulher, ele tivesse falado sobre o sexo e o amor com homens como ele fala do sexo e do amor com as mulheres. Talentos equivalentes, tratamentos diferentes. Não gostar das mulheres, para um homem, é uma atitude. Não gostar dos homens, para uma mulher, é uma patologia. Uma mulher não muito sedutora e que reclama de como os homens não a fazem gozar? Falariam de sua aparência física, de sua vida familiar, com os detalhes mais sórdidos, de seus complexos e de seus problemas. Não é por acaso que todas as boas moças, ou quase todas, depois de uma certa idade, tentem não chamar muita atenção. Que não venham nos explicar que se trata de uma questão de personalidade ou de natureza, que nós não gostamos de provocar e que nós, nosso negócio, significa sobretudo a casa e as crianças. Precisamos tomar cuidado com o que abordamos a partir do momento em que começamos a dizer algo. Mesmo os caras mais furiosos do hip hop não são maltratados como uma mulher. Sabemos, no entanto, o que as elites pensam da música popular. Não há nada pior do que uma mulher julgada por homens. Todos os golpes são permitidos, a começar pelos mais sujos. Não somos nem mesmo estrangeiras: falam por nós o tempo todo, porque não sabemos o que temos a dizer. Não o sabemos tão bem quanto os machos dominantes, habituados há séculos a escrever livros sobre as questões de nossa feminilidade e o que ela implica.

É nessa época que descubro, consternada, que qualquer idiota dotado de um bilauzinho se sente no direito de falar em nome de todos os homens, da virilidade, do povo dos guerreiros, dos senhores, dos dominantes, e — consequentemente — no direito de me dar lições sobre feminilidade. Estamos pouco nos fodendo que o cara meça um metro e cinquenta, que seja mais largo que alto, que não tenha nunca dado nenhuma prova de masculinidade em nada na vida. Ele é um tiozinho. E eu, eu pertenço ao outro sexo. Não sou a única a me espantar que me remetam sistematicamente ao meu lugar de fêmea. Só me comparam a outras mulheres. Marie Darrieussecq, Amélie Nothomb, Lorette Nobécourt, não importa, desde que elas tenham mais ou menos a mesma idade que eu. E, sobretudo: que sejamos do mesmo sexo. Recebo isso com uma dose dupla de condescendência divertida, como mulher. Constrangimentos suplementares, chamadas à ordem. Quem eu frequento. Minhas saídas. Meus gastos. Onde moro. Tudo vigiado. De todas as formas. Uma menina.

Depois, veio o filme. Proibição. A verdadeira censura,

evidentemente, não passa pelos textos legais. É mais como um conselho que te dão. E que asseguram que tenha chegado a você direitinho. É necessário proibir, então, que três atrizes pornôs e uma ex-puta façam um filme sobre estupro. Mesmo com pequeno orçamento, mesmo sendo um filme de gênero, mesmo sendo uma paródia. É importante. Temos a impressão de ameaçar a segurança do Estado. Não é possível existir um filme com uma grande virada em que as vítimas não lacrimejem com o nariz escorrendo sobre os ombros de homens que as vingarão. Isso nunca. Essa proibição contou com o apoio quase unânime da imprensa: seu famoso direito de dizer não. Eu e as três outras do filme, sempre apresentadas como fulanas que queriam ganhar dinheiro fácil. É evidente. Nem é necessário ver o filme para saber o que se deve achar. Se garotas abordam o sexo, é apenas para roubar dinheiro dos homens honestos. Putas. Senão, claro, teriam feito um filme com pradarias e cachorrinhos que dão cambalhotas, um filme com mulheres que se ocupam em seduzir os homens. Não teríamos feito aliás filme nenhum, teríamos continuado quietas em nosso canto. Putas, com certeza. O cadáver de Karen Bach, mais uma vez. Normal. Putas. Todo mundo tem direito de vender jornais com o ventre dela exposto, porque foi ela quem quis mostrá-lo. E uma ministra da Cultura, uma mulher, dessa esquerda aí, a esquerda-sutil, declara que um artista deveria se sentir responsável por aquilo que mostra. Não são os homens que devem se sentir responsáveis quando eles são três a estuprar uma menina. Não são os homens que devem se sentir responsáveis quando frequentam putas sem votar leis para que elas possam trabalhar tranquilamente. Não é a sociedade que deve se responsabilizar quando, nos filmes, vemos mulheres no papel de vítimas das violências mais atrozes. Somos nós que devemos nos sentir responsáveis. Pelo que acontece conosco, por nos recusarmos a morrer, por termos que viver com isso. Por não nos calarmos. Conhecemos bem essa velha canção, essa que estipula que deveríamos nos sentir responsáveis pelo que acontece conosco. Na revista *Elle*, uma imbecil qualquer, resenhando um outro livro sobre estupro, sem a menor relação com o meu, sublinha a dignidade da proposta e se sente obrigada a contrapô-lo aos "mugidos vaginais" que eu produzo. Não fui uma vítima muito silenciosa. Isso merece ser sublinhado em uma revista feminina, é um conselho às leitoras: o estupro, tudo bem, é triste, mas vão com calma nos mugidos vaginais, caras senhoras. Não é digno. Vá à merda. Na revista *Paris Match*, a mesma metodologia para falar à filha do cantor Yves Montand que é melhor que ela se cale sobre as carícias de seu pai; uma outra imbecil destaca a classe de uma Marilyn Monroe, que soube ser uma boa vítima. Entendam: doce, sexy, mantendo o silêncio. Sabendo fechar sua grande boca, ao mesmo tempo em que a arrastavam de quatro em orgias doentias. Conselhos de mulheres, entre elas. Um bom pedaço de carne. Escondam suas feridas, madames, elas podem causar problemas ao torturador. Sejam vítimas dignas. Quer dizer, vítimas que sabem se calar. A palavra sempre confiscada. Um perigo, já entendemos. Perigo para quem?

Que vantagem tiramos nós dessa situação para que valha a pena sermos tão colaborativas? Por que as mães encorajam os menininhos a fazer barulho enquanto ensinam as meninas a ficarem caladas? Por que continuamos a valorizar um filho que se destaca ao mesmo tempo em que envergonhamos uma filha que sobressai? Por que ensinar às garotas a docilidade, o charme e as hipocrisias, enquanto fazemos os meninos machos compreenderem que estão aqui para exigir, que o mundo é feito para eles, que estão aqui para decidir e escolher? O que há de tão benéfico assim para as mulheres nesse jeito em que as coisas são postas que valha tanto a pena para que respondamos tão docemente aos golpes que levamos?

É que são aquelas que estabeleceram alianças com os mais fortes que ocupam os melhores lugares entre nós. As mais capazes de se calar quando são enganadas, de ficar quietas quando desrespeitadas, de inflar o ego dos homens. As mais capazes de suportar a dominação masculina são aquelas que ocupam os bons cargos, porque ainda são os homens que aceitam ou excluem as mulheres das funções de poder. As mais encantadoras, as mais charmosas, as mais amigáveis. As mulheres que ouvimos se expressarem são aquelas que o fazem com eles. De preferência, aquelas que pensam o feminismo como uma causa secundária, de luxo. Aquelas que não vão encher o saco com isso. E sobretudo as mulheres mais apresentáveis, porque nossa principal qualidade continua sendo a de sermos agradáveis. As mulheres de poder são aliadas dos homens, aquelas entre nós que melhor sabem fazer reverências e sorrir sob dominação. Fingir que isso não machuca. As outras, as furiosas, as feias, as de cabeça dura, são asfixiadas, descartadas, anuladas. *Non grata* no meio do gratinado.

Eu, por minha vez, adoro a diretora Josée Dayan. Ronrono de prazer toda vez que a vejo na televisão. Porque, no resto do tempo, mesmo as escritoras de romances, as jornalistas, as atletas, as cantoras, as presidentes de agências, as produtoras, todas as boas mulheres que a gente vê se sentem obrigadas a colocar um pequeno decote, um par de brincos, os cabelos bem penteados, provas de feminilidade, promessas de docilidade.

A síndrome do prisioneiro que se identifica com seu agressor, nós já conhecemos. É dessa forma que acabamos por policiar umas às outras, por nos julgar através dos olhos de quem nos amarra com nó triplo.

Por volta dos trinta anos, quando parei de beber, fui ver analistas, curandeiros, magos; eles não tinham muita coisa em comum, fora o fato de que, homens, várias vezes insistissem comigo: "Seria necessário que você se reconciliasse com a sua feminilidade". Eu respondia a mesma coisa sempre, espontaneamente: "É, não tenho filhos, mas..." e toda vez era interrompida, eles não estavam falando sobre maternidade. Estavam falando de feminilidade. Mas o que querem dizer com isso? Não obtive respostas claras. Minha feminilidade... não sou do contra, na verdade, sobretudo se me dizem algo várias vezes seguidas com muita convicção e com evidente boa vontade. Então procurei entender. Sinceramente. O que me fazia falta. Tinha a impressão de dizer tudo, de não procurar ser mais de um jeito que de outro, de me deixar existir sem muitos freios. A feminilidade, que diabos era isso... As circunstâncias em que vi esses terapeutas eram sempre privilegiadas, eu estava doce e calma na maioria das vezes. Não sou bruta o tempo todo. Sou muito mais tímida, na defensiva, e desde que parei de beber não se pode dizer que eu faça muito barulho, de modo geral. É claro que às vezes estouro. De um jeito não muito feminino, admito, mas sempre muito eficaz, coincidentemente. Mas eles não me falavam de agitação nem de agressividade, mas de "feminilidade". Sem entrar em detalhes. Quebrei a cabeça. Será que se tratava de ser menos imponente, mais tranquila, mais abordável, talvez? Bom, isso, mesmo querendo, vai ser difícil. No fim, ser a garota que fez *Baise-moi* é algo cômico. Às vezes, é simples, tenho a impressão de ser Bruce Lee. Quando ele contava nas entrevistas que os caras vinham o tempo todo bater no ombro dele para provocar uma briga. Queriam mostrar a todo o bairro que eram extremamente fortes, tanto que haviam vencido Bruce Lee. No meu caso, são os perdedores de pinto pequeno locais que se sentem obrigados a me desafiar, para mostrar a seus colegas como ousaram vir me colocar de volta em meu lugar. Não vou entrar em detalhes, descrever o que acontece quando os tais em questão compreendem que as mulheres que adorariam agarrar preferem todas transar comigo. Isso os deixa superagressivos. O que é que eu posso fazer se eles têm o mesmo *sex appeal* que um carro velho completamente enferrujado? Devem imaginar, sem dúvida nenhuma, que se eu não existisse eles teriam um pinto maior. Não vale muito a pena se preocupar com esse tipo de coisa. De todo jeito, que seja eu ou uma outra, desse ponto de vista é sempre a mesma coisa: nunca é o suficiente. O que quer que você faça é sempre demais para um cretino local, e ele precisa intervir para levar você de volta para o ringue.

Quanto mais qualidades viris faltam a um sujeito, mais ele vigia as mulheres. E, de maneira inversa, quanto mais um cara é seguro de si, melhor ele suporta a diversidade de comportamentos em garotas e as masculinidades delas. É por essa razão que somos tão veemente e estritamente chamadas à ordem quando chegamos à casa dos ricos: lá onde a masculinidade não se sente à vontade nos machos, as fêmeas precisam se fingir de hipersubmissas.

Quando, na televisão, passam consternados imagens de *happy slapping* sem parar, nas quais um garoto, para se exibir para os colegas, é filmado por um amigo dando uma surra numa menina muito maior do que ele, e no mínimo uns quinze quilos mais pesada, mostram-nos isso para dizer: "Estes muçulmanos, filhos de pais polígamos, eles não têm nenhum respeito pela mulher, não aguentamos mais". Só que é exatamente o que se faz ao longo de um terço da literatura masculina branca. Contar como vocês aproveitam de seu status de dominantes para abusar de meninas que vocês escolhem entre as mais fracas, contar como vocês as enganam as fodem as humilham para que vocês sejam admirados por seus colegas. O triunfo fácil. Seria tão mais engraçado se o garoto do celular fosse quebrar a cara de um tipo maior do que ele; seria tão mais engraçado se vocês atacassem os mais ferozes do bando, ou as mulheres mais grosseiras. Mas não é isso que motiva vocês. O triunfo fácil, a força do fraco. Em um terço da produção cinematográfica branca contemporânea, observem o que se faz com as meninas. Triunfos de covardes. É que é necessário tranquilizar os homens. É mais ou menos por aí.

Depois de vários anos de boa, leal e sincera investigação, deduzi que: a feminilidade é a putaria. A arte do servilismo. Pode-se chamar isso de sedução e tentar transformar isso num troço com glamour. Não se trata de um esporte de alto nível na maioria dos casos. Quase sempre, trata-se de se habituar a se comportar como inferior. Entrar num cômodo, olhar se existem homens presentes, desejar agradá-los. Não falar muito alto. Não se expressar num tom categórico. Não se sentar com as pernas abertas, com mais comodidade. Não se expressar num tom autoritário. Não falar de dinheiro. Não desejar conquistar poder. Não desejar ocupar um posto de autoridade. Não procurar prestígio. Não rir muito alto. Não ser muito engraçada. Agradar os homens é uma arte complicada que exige que apaguemos tudo que faça referência ao domínio da potência. Enquanto isso, os homens, sobretudo os da minha idade ou mais, não são dotados de corpos. Não possuem idade nem corpulência. Não importa qual idiota avermelhado pelo álcool, careca barrigudo e com um look podre se permitirá fazer observações pejorativas sobre o físico das garotas, observações sempre desagradáveis se não as considerarem tão gostosas quanto deveriam ser, ou comentários horríveis se ficarem descontentes por não conseguirem comê-las. São as vantagens de seu sexo. A sacanagem mais patética, os homens desejam nos enfiá-la goela abaixo como simpática e pulsional. Mas é raro encontrar um Bukowski, na maioria das vezes se trata apenas de perdedores que não despertam nenhum interesse. Como se eu, porque tenho uma vagina, achasse que sou uma Greta Garbo. Ser complexada, uma coisa tipicamente feminina. Apagada. Abrir bem os ouvidos. Não brilhar muito intelectualmente. Ser culta apenas o suficiente para entender o que o bonitão tem para contar. Falar muito é feminino. Tudo o que não deixa rastro. O que é doméstico, o que se faz todos os dias, o que não tem nome. Sem grandes discursos, sem grandes livros, sem grandes coisas. Apenas pequenas coisas. Fofinhas. Femininas. Mas, beber: viril. Ter amigos: viril. Fazer piada: viril. Ganhar muita grana: viril. Ter um carrão: viril. Se comportar de qualquer jeito: viril. Dar risada fumando baseado: viril. Ter espírito de competição: viril. Ser agressivo: viril. Querer transar com todo mundo: viril. Responder com brutalidade a qualquer coisa que te ameace: viril. Não gastar tempo se arrumando de manhã: viril. Vestir roupas que são práticas: viril. Tudo o que é engraçado de se fazer é viril, tudo o que nos permite sobreviver é viril, tudo o que nos faz ganhar terreno é viril. As coisas não mudaram tanto em quarenta anos. A única vantagem perceptível é que agora podemos sustentá-los financeiramente. Porque o trabalho alimentar, que se faz apenas para pagar contas, é muito constrangedor para os homens, que são artistas, pensadores, personagens complexos e terrivelmente frágeis. O salário mínimo, destinado sobretudo às mulheres. Evidentemente, de quebra, é preciso compreender que os homens podem se tornar violentos ou desagradáveis pelo fato de serem mantidos por mulheres. Não se pode acreditar que seja fácil, quando se pertence à raça dos grandes caçadores, não ser aquele que leva a comida para casa. Os homens, que legal, a gente passa nosso tempo tentando compreendê-los. Porque o grande desespero também tem sexo; o que nós fazemos é apenas um gemido de reclamação.

Não digo que ser mulher é em si mesmo uma obrigação terrível. Existem algumas que cumprem esse papel muito bem. É a obrigação que é degradante. Em termos de divindades locais, as grandes sedutoras evidentemente são as rainhas da cocada preta. Patinadoras artísticas também, que classe. Não nos pedem para sermos todas patinadoras, no entanto. Cavaleiras também são charmosas. Mas ninguém te traz uma sela e um cavalo a partir do momento em que você deseja existir.

Canal de televisão a cabo, documentário sobre meninas de periferia. Mais exatamente: sobre a inquietante perda de feminilidade delas. Vemos três meninas com boas carinhas jurando como marinheiros, e uma delas tenta agarrar não sei quem no vão de uma escada, na esperança de lhe dar uma surra. Bairro desolado, juventude sem ocupação, garotos que sabem que provavelmente não terão mais chances do que seus pais, ou seja, nenhuma. Essas imagens, sempre um pouco problemáticas para alguém da minha idade, de uma França que virou um país de quarto mundo. Uma pobreza extrema que roça o luxo mais indecente. O que inquieta os comentaristas, e eles diziam isso sem brincadeira, é que essas meninas nunca usam saias. E que elas não sabem falar direito. Isso os surpreende, eles são sinceros. Eles imaginam, tranquilos, que as meninas nascem em algum tipo de rosas virtuais e que devem se tornar criaturas doces e pacíficas. Mesmo mergulhadas num ambiente hostil em que mais vale saber jogar bola para poder existir minimamente.

As mulheres deveriam se ocupar de coisas bonitas, como molhar as plantas, cantando baixinho. Isso é tudo o que os inquieta dentro do que foi filmado. Essas mulheres não parecem com as mulheres dos bairros favorecidos, com as garotas de capas de revistas, com as meninas vindas das grandes escolas. O jornalista que fez esse comentário tem a impressão de que é natural ser uma mulher como aquelas que o rodeiam. Que essa feminilidade não tem raça, não tem classe, que não é construída politicamente, ele acredita que se deixarmos as mulheres serem o que elas devem ser, naturalmente, da maneira poética mais admirável possível, elas se tornarão as mulheres que trabalham e jantam ao lado dele: burguesas brancas como se deve.

Não foi apenas minha natureza profunda, no que ela havia de diferente, de brutal, de agressiva, de poderosa, que comecei a observar. Foi também a minha classe social que aprendi a renegar.

Não foi uma decisão consciente. Foi mais um cálculo de sobrevivência social. Limitar fisicamente os movimentos, preferir os gestos calmos. Diminuir o ritmo da dicção. Privilegiar o que não causa medo. Ficar loira. Dar uma geral nos dentes. Começar uma relação com um homem mais velho, mais rico, mais conhecido. Querer um filho. Fazer tudo como eles fazem. Depois do escândalo do filme. Eu queria me fundir um pouco na paisagem. Só um pouco, só para ver. Parar de beber. Tanto para preservar minha aparência como para evitar a desinibição do álcool. E os comportamentos viris que a acompanham: transar não importa com quem, pegar o vizinho pelo ombro, fazer barulho, rir muito alto. Eu reintegrei minha categoria tal como ela foi pensada no meu novo meio. Vestir rosa e braceletes brilhantes. Realmente dei o melhor de mim para passar mais desapercebida... Não foi uma coisa neutra. Foi um enfraquecimento consentido.

Felizmente, existe Courtney Love. Em particular. E o punk rock, em geral. Uma tendência a adorar o conflito. Dei uma geral na minha saúde mental, de dentro dessa minha sombra de loira. Mas o monstro em mim não se rende. Sou abandonada pelo namorado, não tenho filhos. O dia dos meus trinta e cinco anos é a morte. Sem saber ao certo se queria ainda uma prova para mostrar ao mundo que sou uma mulher como as outras, com tudo isso que me repetiram de que "você odeia então todos os homens", eu queria provar o contrário. Que ideia absurda. Tentar provar que eu sou uma mulher adorável. Que até faz filhos. Como prescrito pela imprensa. Mas cada um leva a vida que deve levar, e isso tudo não funciona para mim. Não sou doce, não sou amável e não sou burguesa. Tenho picos hormonais que me deixam fulgurantemente agressiva. Se eu não viesse do punk rock, eu teria vergonha do que sou. Não fui feita para me adaptar a esse ponto. Mas eu venho do punk rock e estou orgulhosa de não ter conseguido.

O primeiro dever de uma mulher escritora é matar o anjo do lar.

— VIRGINIA WOOLF

BOA SORTE, MENINAS

Dou de cara sem querer na internet com uma carta assinada por Antonin Artaud. Uma carta de adeus, ou, no mínimo, de distanciamento, endereçada a uma mulher que ele declara não poder amar. Compreendo que, em detalhes, sua história deva ser complicada. Mas, no final, a coisa acaba assim: "Preciso de uma mulher que seja unicamente minha, que eu possa encontrar em casa o tempo todo. Estou desesperado de solidão. Não posso mais voltar para casa de noite, dentro de um quarto, sozinho, e sem nenhuma das facilidades da vida à mão. Eu preciso de um lar, e preciso imediatamente, e de uma mulher que tome conta de mim sem parar até nas menores coisas. Uma artista como você tem sua vida e não pode fazer isso. Tudo isto que te digo é de um egoísmo feroz, mas é assim que é. Nem é necessário que essa mulher seja muito bonita, também não quero que ela possua uma inteligência excessiva, e sobretudo que não pense muito. Para mim é suficiente que ela seja colada em mim".

Desde que sou pequena, depois de Goldorak & Candy, que passava na TV na saída do colégio, desenvolvi uma paixão pela inversão, só para ver no que dá.

"Preciso de um homem que seja unicamente meu, que eu possa encontrar em casa o tempo todo." Isso soa diferente de imediato. O homem não veio ao mundo para ficar em casa, nem para ser possuído. Se mesmo assim eu tiver vontade de um homem que seja unicamente meu, tudo me aconselha a moderar meus ardores e, ao contrário, a me doar inteiramente a ele. Não é a mesma música. Não existe ninguém em volta de mim que seja politicamente designado a sacrificar sua vida para adoçar a minha. Não é recíproco, como relação útil. Da mesma forma, eu não poderia jamais escrever, de boa-fé egoísta: "Eu preciso de um lar, e preciso imediatamente, e de um homem que tome conta de mim sem parar até nas menores coisas." Se um dia encontrar um homem assim, é porque com certeza eu tenho condições de lhe pagar um salário. "Nem é necessário que ele seja muito bonito, também não quero que ele possua uma inteligência excessiva, e sobretudo que não pense muito. Para mim é suficiente que seja colado em mim."

Meu poder jamais se baseará na inferiorização da outra metade da humanidade. Não há um ser humano em cada dois que tenha sido colocado no mundo para me obedecer, cuidar do meu lar, educar minhas crianças, me agradar, me distrair, me tranquilizar a respeito da potência da minha inteligência, me trazer o descanso depois da batalha, se esforçar para me alimentar direito... ainda bem.

Na literatura feminina, os exemplos de afrontamento ou de hostilidade contra os homens são raríssimos. Censurados. Eu, bem, eu sou desse sexo aí, que não tem o direito de não compactuar. Colette, Duras, Beauvoir, Yourcenar, Sagan, toda uma geração de mulheres escritoras que não se cansam de pedir licença para entrar, de tranquilizar os homens, de pedir desculpas por escreverem repetindo o tanto que elas os amam os respeitam os adoram, e não desejam sobretudo — seja o que for que escrevam — atrapalhar muito. Sabemos todas que, caso contrário, o resto da tribo se ocupará do seu caso.

¤

Em 1948, morre Antonin Artaud. Genet, Bataille, Breton; os homens explodem os limites do dizível. Violette Leduc começa a redigir aquilo que se tornará *Teresa e Isabel*. Texto magistral. Ao lê-lo, Beauvoir escreve imediatamente: "Quanto a publicar isso, impossível. É uma história sobre a sexualidade lésbica tão crua quanto um Genet."

Violette Leduc adoça o texto, o qual é rapidamente recusado por Queneau: "impossível publicar abertamente". É necessário esperar 1996 para que a Gallimard o edite.

Eu sou desse sexo aí, esse que deve ficar calado, esse que forçamos a ficar calado. E que deve aceitar isso com elegância, uma vez mais pedir licença. Senão, desaparecemos. Os homens sabem melhor do que nós o que devemos falar a respeito de nós mesmas. E as mulheres, se elas desejam sobreviver, devem compreender essa ordem. Que não me venham dizer que as coisas evoluíram bastante, que nós já passamos a outras coisas. Não para mim. O que suporto como escritora mulher é duas vezes maior do que um homem suporta.

Simone de Beauvoir começa a coletânea de cartas que organizou por esta que Sartre escreve para ela: "Você quer ser boazinha e levar minha roupa suja (gaveta inferior do armário) à lavanderia esta manhã? Deixo a chave na porta. Eu te amo ternamente, meu amor. Você estava com uma carinha tão charmosa, ontem, enquanto dizia 'Ah, você olhou para mim, você olhou para mim' e quando penso nisso meu coração se racha de ternura. Adeus, minha queridinha". Quando invertemos isso, devemos inverter tudo, a roupa suja e a carinha charmosa, então entendemos melhor a qual sexo pertencemos, esse da roupa suja dos outros e das pequenas carinhas charmosas.

¤

Enquanto escritora, a esfera política se organiza para me desacelerar, me desabilitar, não como indivíduo, mas como fêmea. Não é uma coisa que eu receba com elegância, filosofia ou pragmatismo. Como isso me é imposto, vivo com isto. Mas o faço com ódio. Sem humor. Mesmo se abaixo a cabeça e escuto tudo o que não quero escutar e me calo porque não tenho alternativa. Não tenho a intenção de me desculpar pelo que me é imposto, nem de fingir que acho isso formidável.

Angela Davis, evocando a escrava negra norte-americana: "Ela aprendeu através do trabalho que seu potencial de mulher era equivalente ao do homem".

O sexo frágil, isso sempre foi uma grande piada. As mulheres negras que vemos balançar os quadris com uma eficácia perturbadora nos clipes do 50 Cent, podemos alimentar todo tipo de condescendência por elas, lamentar que sejam utilizadas como mulheres degradadas: elas são filhas de escravos, trabalharam como os homens, foram chicoteadas como os homens. Angela Davis: "Mas as mulheres não foram apenas chicoteadas e mutiladas, elas também foram estupradas". Engravidadas à força e abandonadas sozinhas para educar os filhos. E sobreviveram. O que as mulheres atravessaram não foi somente a história dos homens, como os homens, mas também a sua própria violência específica. Uma violência sem precedentes. Daí esta proposição simples: vão todos tomar no cu, com sua condescendência roubada, suas macaquices de força asseguradas pelo coletivo, de proteção ocasional ou suas manipulações de vítimas, para quem a emancipação feminina será sempre difícil de suportar. O que ainda é difícil é ser uma mulher e aguentar suas imbecilidades. As vantagens que vocês tiram da nossa opressão são, na verdade, armadilhas. Quando vocês defendem suas prerrogativas de machos, vocês se tornam como que empregados de grandes hotéis que acham que são os proprietários... servos arrogantes, é o que vocês são.

¤

Quando o mundo capitalista se desmancha e não pode mais suprir as necessidades dos homens, sem trabalho, sem dignidade no trabalho, o absurdo e a crueza das obrigações econômicas, as vexações administrativas, as humilhações burocráticas, a certeza de que seremos enganados a partir do momento em que desejamos comprar alguma coisa, nós somos ainda tidas como responsáveis. É a nossa libertação o que os deixa infelizes. Não é o sistema político colocado em prática que é culpado, é a emancipação das mulheres.

Querer ser um homem? Sou melhor do que isso. Não dou a mínima para o pênis. Não dou a mínima para a barba e para a testosterona, tenho tudo o que preciso em termos de agressividade e coragem. Mas é claro que quero tudo, como um homem, num mundo de homens, quero desafiar a lei. Frontalmente. Sem intermediários, sem pedir desculpa. Quero mais do que o que me foi prometido no início. Não quero que me calem. Não quero que me expliquem o que posso fazer. Não quero que me abram a carne para aumentar o peito. Não quero ter um corpo de menininha longilínea no momento em que chego perto dos quarenta anos. Não vou fugir do conflito para evitar revelar minha força ou perder minha feminilidade.

Uma refém é libertada, ela declara no rádio: "Pude enfim me depilar, me perfumar, reencontro minha feminilidade". De qualquer jeito, esse é o pedaço da entrevista que decidiram mostrar no rádio. Ela não quer sair pela cidade, ver seus amigos, ler os jornais. Ela deseja se depilar? É um direito seu, dos mais estritos. Mas que não me peçam para achar isso normal.

Monique Wittig: "Hoje em dia voltamos a cair na armadilha, no impasse familiar do é-maravilhoso-ser-uma-mulher".

Armadilha enunciada com muito prazer pelos homens. Apoiados pelas colaboradoras, sempre prontas a defender os interesses do mestre. É o que os homens maduros amam falar de nós. O que encerra o fim lógico de seus "é maravilhoso ser uma mulher": jovem, magra, feita para agradar os homens. Senão, não há nada de maravilhoso. É apenas duas vezes mais alienante.

¤

Eles adoram falar sobre as mulheres, os homens. Isso evita que falem de si mesmos. Como explicar que em trinta anos nenhum homem produziu o menor texto inovador sobre a masculinidade? Eles, que são tão loquazes e competentes quando se trata de dissertar sobre as mulheres, por que esse silêncio sobre o que lhes interessa? Porque sabemos que quanto mais eles falam, menos eles dizem. Sobre o essencial, sobre o que pensam de verdade. Eles querem que falemos deles, em seu lugar, talvez? Por exemplo, eles querem saber o que pensamos, de fora, de seus estupros coletivos? Diremos que eles desejam se ver transando, observar os paus uns dos outros, ter ereções conjuntas, poderíamos dizer que eles querem tomar no cu. Diremos que eles têm medo de revelar que aquilo de que realmente gostam é de transar uns com os outros. Os homens amam os homens. Eles nos explicam o tempo todo o quanto amam as mulheres, mas todas sabemos que isso é bobagem. Eles se amam, entre eles. Eles transam uns com os outros através das mulheres, muitos dentre eles já pensam nos amigos quando se encontram dentro de uma buceta. Eles se observam no cinema, eles se reservam os melhores papéis, eles se acham poderosos, eles se gabam, não conseguem se conter por serem tão fortes, belos e corajosos. Eles escrevem uns para os outros, eles se parabenizam, eles se apoiam. Eles têm razão. Mas de tanto escutar eles se queixarem de que as mulheres não trepam muito, que elas não amam o sexo como deveriam, que elas nunca entendem nada, não podemos evitar de perguntar: o que eles estão esperando para foder uns os cus dos outros? Vão em frente. Se isso fará de vocês homens mais sorridentes, é uma coisa boa. Mas, entre as coisas que lhes foram corretamente inculcadas, existe o medo de ser gay, a obrigação de amar as mulheres. Então, passam longe das outras coisas. Reclamam, mas obedecem. De passagem, batem em uma garota ou duas, furiosos por se sujeitarem.

¤

Houve uma revolução feminista. Palavras foram articuladas, apesar do decoro, apesar das hostilidades. E isso continua afluindo. Mas, até agora, nada relativo à masculinidade. Silêncio insuportável dos menininhos frágeis. Estamos chegando ao limite. Esse sexo pretensamente forte, que precisamos proteger sem parar, tranquilizar, cuidar, tomar conta. Que precisa ser protegido da verdade. Que as mulheres sejam tão machonas quanto eles, e que elas sejam putas e mães, estamos todos dentro da mesma confusão. Existem homens feitos mais para a colheita, para a decoração de interiores e para as crianças no parque, e mulheres construídas para caçar mamutes, fazer barulho e emboscadas. Cada um no seu terreno. O feminino eterno é uma enorme brincadeira de mau gosto. Dir-se-ia que a vida dos homens depende da manutenção da mentira… mulher fatal, coelhinha, enfermeira, lolita, puta, mãe boazinha ou castradora. Apenas teatro. Encenação de signos e exatidão de figurinos. Tranquilizamo-nos de quê, dessa maneira? Não sabemos exatamente do que eles têm medo, ou se os arquétipos construídos com todas as peças estão desmoronando: as putas são indivíduos quaisquer, as mães não são intrinsecamente boas nem corajosas nem carinhosas, a mesma coisa para os pais, isso depende das pessoas, das situações, dos momentos. Libertar-se do machismo, essa armadilha para burros que tranquiliza apenas os imbecis. Admitir que não estamos nem aí para o respeito das regras de atribuição de qualidades. Um sistema de farsas obrigatórias. De que autonomia os homens têm tanto medo que continuam a se calar, a não inventar nada? A não produzir nenhum discurso novo, crítico, inventivo sobre sua própria condição?

Para quando é a emancipação masculina?

A eles, a vocês, chegou a hora de serem independentes. "Sim, mas quando somos doces, as mulheres preferem os brutos", gemem os ex-favorecidos. Falso. Certas mulheres amam a potência, não têm medo dela nos outros. A potência não é uma brutalidade. As duas noções são bem distintas.

LEMMY CANTONA BREILLAT PAM GRIER HANK BUKOWSKI CAMILLE PAGLIA DENIRO TONY MONTANA JOEY STARR ANGELA DAVIS ETTA JAMES TINA TURNER MUHAMMAD ALI CHRISTIANE ROCHEFORT HENRI ROLLINS AMELIE MAURESMO MADONNA COURTNEY LYDIA LUNCH LOUISE MICHEL MARGUERITE DURAS CLINT JEAN GENET... Questão de atitude, de coragem, de insubmissão. Existe uma forma de força que não é nem masculina nem feminina, que impressiona, que enlouquece, que tranquiliza. Uma faculdade de dizer não, de impor seus pontos de vista, de não se ocultar. Não estou nem aí se o herói veste saias e tem peitões ou se tem ereções como um touro e fuma charutos.

É claro que é difícil ser uma mulher. Medos, obrigações, imperativos de silêncio, chamadas à ordem que têm durado um bom tempo, um festival de limitações imbecis e estéreis. Sempre estrangeiras que devem fazer o trabalho sujo, fornecer a matéria-prima e abaixar a cabeça... Mas, comparado ao que é ser um homem, parece uma brincadeira de criança... Porque, finalmente, não somos as mais aterrorizadas, nem as mais desarmadas, nem as mais entravadas. O sexo da resistência, da coragem, sempre foi o nosso. Não que tenhamos escolha, de todo jeito.

A verdadeira coragem. Confrontar-se com o novo. Possível. Melhor. Falência do trabalho? Falência da família? Boas notícias. Que colocam em questão, automaticamente, a virilidade. Outra boa notícia. Já aguentamos muito essas bobagens todas.

O feminismo é uma revolução, não um reagrupamento de conselhos de marketing, não apenas uma vaga promoção da felação ou dos clubes de *swing*, não se trata apenas de melhorar os salários. O feminismo é uma aventura coletiva para as mulheres, para os homens e para os outros. Uma revolução em marcha. Uma visão de mundo. Uma escolha. Não se trata de opor as pequenas vantagens das mulheres às pequenas conquistas dos homens, mas de dinamitar tudo isso.

Dito isso, boa sorte, meninas, e boa viagem...

BIBLIOGRAFIA

ALMODOVAR, Norma J. *Cop to Cali Girl: Why Left the lapd to Make an Honest Living As a Beverly Hills Prostitute*. Nova York: Simon & Schuster, 1993.

ANDERSON, Raffaëla. *Hard*. Paris: Grasset, 2001.

ARTAUD, Antonin. *Le Pèse-Nerfs* (1925). Paris: Gallimard, 1988

DE BEAUVOIR, Simone. *Le Deuxième Sexe*. Paris: Gallimard, 1949 [Ed. bras.: *O segundo sexo*, trad. de Sergio Milliet. Rio de Janeiro: Nova Fronteira, 2014].

BUTLER, Judith. *Gender Trouble. Feminism and the Subversion of Identity*. Nova York: Routledge, 1990 [Ed. bras.: *Problemas de gênero*, trad. de Renato Aguiar. Rio de Janeiro: Civilização Brasileira, 2003].

CALIFIA, Pat. *Public Sex: The Culture of Radical Sex*. São Francisco: Cleis Press, 1994.

CARTHONNET, Claire. *J'ai des choses à vous dire: Une prostituée témoigne*. Paris: Robert Laffont, 2003.

CORNELL, Drucilla (org.). *Feminism and Pornography*. Oxford: Oxford University Press, 2000.

DAVIS, Angela Y. Women. *Race and Class*. Nova York: Vintage Books, 1981.

HALIMI, Gisèle. *La Cause des femmes*. Paris: Grasset, 1973.

HPG, *Autobiographie d'un hardeur*. Paris: Hachette Littérature, 2002.

HARLOT, Scarlot. *Unrepentant Whore: The Collected Works of Scarlot Harlot*. São Francisco: Last Gasp, 2004.

LE DOEUFF, Michèle. *L'Etude et le Rouet*. Paris: Seuil, 1989.

HARAWAY, Donna. *Simians, Cyborgs and Women. The reinvention of nature*. Londres/ Nova York: Routledge, 1991.

DE LAURETIS, Teresa. *Technologies of Gender: Essays on Theory, Film and Fiction*. Indianapolis: Indiana University Press, 1984.

__________. *The Practice of Love. Lesbian Sexuality and Perverse Desire*. Indianapolis: Indiana University Press, 1984.

LEBLANC, Lauraine. *Pretty in Punk. Girls' Gender Resistance in Boys' Culture*. New Brunswick: Rutgers University Press, 2001.

LEBRUN, Annie. *Lâchez tout*. Paris: Le Sagittaire, 1977.

LEDUC, Violette. *Thérèse et Isabelle*. Paris: Gallimard, 1955.

LEIGH, Carol (org.). *Gauntlet*, n. 7. Edição especial sobre trabalho sexual nos Estados Unidos. Alberta: Gauntlet, 1997.

LOFTUS, David. *Watching Sex: How Men Really Respond to Pornography*. Nova York: Thunder's Mouth Press, 2002.

LUNCH, Lydia. *Paradoxia. A Predator's Diary*. Londres: Creation Press, 1997.

PAGLIA, Camille. *Vamps and Tramps*. Nova York: Vintage, 1992.

PERROT, Michelle. *Les Femmes ou les Silences de l'Histoire*. Paris: Flammarion, 2001.

PHETERSON, Gail (org.). *A Vindication of the Rights of Whores*. Seattle: Seal Press, 1989.

__________. *The prostitution prism*. Amsterdã: Amsterdam University Press, 1996.

ORBACH, Susie. *Fat Is a Feminist Issue*. California: Berkeley Publishing Group, 1978.

PRECIADO, Paul B. *Manifeste Contrat-sexuel*, Paris: Balland, 2000 [Ed. bras.: *Manifesto contrassexual*, trad. de Maria Paula Gurgel Ribeiro. São Paulo: n-1 edições, 2015].

__________."Giantesses, Houses, Cities: Notes for a Political Topography of Gender and Race" in *Artecontexto*, Gender and Territory. Madri: Artecontexto, 2005.

QUEEN, Carol. *Real, Live, Nude Girl: Chronicles of Sex-Positive Culture*. São Francisco: Cleis Press, 1997.

RAHA, Maria. *Cinderella's Big Score, Women of the Punk and indie Underground*. Emeryville: Seal Press, 2005.

RICH, Ruby. *Chick Flicks: Theories and Memories of the Feminist Film Movement*. Durham: Duke University Press, 1998.

RIVIERE, Joan. "Womanliness as Masquerade", 1929.

ROBERTS, Nina. *J'assume*. Paris: Scali, 2005.

RUBIN, Gayle. "Sexual Traffic" in *Feminism meets Queer Theory*, entrevista com Judith Butler. Indianapolis: Indiana University Press, 1997.

SAEZ, Javier. *Théorie Queer et Psychanalyse*. Paris: EPEL, 2005.

SARTRE, Jean-Paul. *Lettres au Castor*. Paris: Gallimard, 1983.

SPRINKLE, Annie. *Hardcore from the Heart, The Pleasures, Profits and Politics of Sex in Performance*. Londres: Continuum, 2001.

DE SAINT-POINT, Valentine. *Manifeste de la femme futuriste*. Paris: Séguier, 1996.

SOLANAS, Valerie. *Scum Manifesto*. Londres: Phoenix Press, 1991.

TEA, Michelle. *Rent Girl*. São Francisco: Alternative Comics, 2004.

VIGARELLO, George. *Histoire du viol du XVIe au XXe siècle*. Paris: Seuil, 1998.

VON FRANTZ, Marie-Louise. *La Femme dans les Contes de Fées*. Paris: La Fontaine de Pierre, 1979.

WILLIAM, Linda. Hard Core. *Power, Pleasure and the Frenzy of the Visible*. Berkeley: University of California Press, 1989.

WITTIG, Monique. *The Straight Mind*. Boston: Beacon Press, 1982.

WOLLSTONECRAFT, Mary. *A Vindication of the Rights of Woman*, primeira edição em 1792.

WOOLF, Virginia. *A Room of One's Own* [Ed. bras.: *Um teto todo seu*, trad. de Noemi Jaffe. Rio de Janeiro: Tordesilhas, 2009].

motörhead
England

SOBRE A AUTORA

A distinção entre masculino e feminino é tão engessada, tão esmagadora. Do meu ponto de vista, nossa aparência e as coisas que fazem parte disso — inclusive a sexualidade — precisam ser mais fluidas. De tempos em tempos, deveríamos ser capazes de mudar, de nos desapegar da ideia de gênero, de experimentar mais. Nosso visual, o modo como agimos e nossas intenções poderiam mudar. Eu posso ser uma vagabunda sexy hoje e uma mulher de negócios poderosa amanhã.

Virginie Despentes, entrevista para Olivier Zahm
revista Purple, n. 16, 28 de julho de 2011

VIRGINIE DESPENTES nasceu em Lyon, França. Publicou seu primeiro romance *Baise-moi* [Me fode] aos 24 anos. Antes disso, no entanto, trabalhou numa loja de discos, em outra de revelação fotográfica rápida, e depois como *baby-sitter*, prostituta e resenhista de filmes pornôs. Sua vivência no submundo punk rock e da prostituição a dotou de um olhar agudo para as hipocrisias da contemporaneidade. Desde então, com seu estilo cru e irônico, tem se firmado como uma das escritoras feministas mais polêmicas e relevantes da França. Viveu alguns anos em Barcelona junto com Paul B. Preciado, de quem foi companheira, tendo regressado a Paris em meados da década de 2010. Entre suas obras estão *Les Chiennes savantes* [Cadelas eruditas], 1995; *Les jolies choses* [As belas coisas], 1998; *Teen spirit* [Espírito adolescente], 2002; *Trois étoiles* [Três estrelas], 2002; *Bye Bye Blondie* [Até logo, Blondie], 2004; *Apocalypse bébé* [Bebê apocalipse], 2010; e a trilogia iniciada em 2015, *Vernon Subutex*.

Dados Internacionais de Catalogação na Publicação (CIP) de acordo com ISBD

D468t Despentes, Virginie

Teoria King Kong / Virginie Despentes ; traduzido por Márcia Bechara. - 3. ed. - São Paulo : n-1 edições, 2023.

128 p. ; 13cm x 20cm.

ISBN: 978-65-81097-96-7

1. Sociologia e política. 2. Autobiografia. 3. Feminismos. 4. Sociologia. I. Bechara, Márcia. II. Título.

CDD 301

2023-3554 CDU 301

Elaborado por Vagner Rodolfo da Silva - CRB-8/9410

Índice para catálogo sistemático:

1. Sociologia e política 301
2. Sociologia e política 301